边玩边赚

AI时代的自由人生

李海峰　千百合　主编

华中科技大学出版社
http://press.hust.edu.cn
中国 · 武汉

图书在版编目(CIP)数据

边玩边赚：AI时代的自由人生/ 李海峰，千百合主编. -- 武汉 : 华中科技大学出版社，2025. 7. -- ISBN 978-7-5772-2016-1

Ⅰ. F241.4-39

中国国家版本馆 CIP 数据核字第 2025HV7275 号

边玩边赚：AI 时代的自由人生　　　　　李海峰　　千百合　主编
Bian Wan Bian Zhuan：AI Shidai de Ziyou Rensheng

策划编辑：沈　柳
责任编辑：康　艳
封面设计：邵海波
责任校对：林宇婕
责任监印：朱　玢
出版发行：华中科技大学出版社(中国·武汉)　　电话：(027)81321913
　　　　　武汉市东湖新技术开发区华工科技园　　邮编：430223
录　　排：武汉蓝色匠心图文设计有限公司
印　　刷：湖北新华印务有限公司
开　　本：880mm×1230mm　1/32
印　　张：9　插页：1
字　　数：210 千字
版　　次：2025 年 7 月第 1 版第 1 次印刷
定　　价：58.00 元

序言

这个时代真正活得惬意的人，是边玩边把钱赚了的人。

很多人在 AI 时代受益：

职场人厌倦"996"，用下班后的时间做副业；

数字游民先驱带着电脑旅居全球，在他乡赚取高额薪资；

轻资产创业者拒绝重资本投入，靠个人品牌实现复利收入；

健康生活家拒绝以健康换钱，将运动、正念融入创富活动；

AI 变现先锋用 AI 绘图、写作、营销，提高变现效率。

也许我们缺的不是机会，而是**重构生活模式的勇气**。

我很高兴与千百合共同完成《边玩边赚》这本书的编写工作。书里的作者来自全球各地，跨越 8 个时区。我们希望通过这本书总结作者们的幸福秘籍，帮你拿到"自由人生的入场券"。

作者们正利用**"技能溢价＋低生活成本"**的模式创造幸福生活。

I

他们的共同特质是：拒绝对立思维，追求健康、体验、影响力、财富，他们都过得十分惬意。

他们用各自的经历告诉我们，**边玩边赚是一种美好的生活方式，每个人都能过上边玩边赚的生活**。

我们希望改变传统出版物单向输出的现状，所以邀请所有的联合作者提供了微信二维码，这样读者可以直接添加好友，与感兴趣的作者进行交流，也欢迎大家和我交流读完本书的心得。如果你对本书有营销方面的建议、团购方面的需求，随时可以和我联系。

未来，让我们边玩边赚吧！

李海峰

独立投资人

畅销书出品人

DISC＋社群联合创始人

2025 年 6 月 20 日

目录
CONTENTS

第一章：逆袭人生——从迷茫到自由

边玩边赚，不是梦想，而是现实
千百合 002

玩着玩着就赚了
袁星光 014

看见最真实的自己
木晓 021

边学边赚：从出租屋到金字塔尖的逆袭之路
李禹婵 029

从贫困少女到创业女王：我的边玩边赚之旅
陈月娟 037

经历与认知，通往自由人生的黄金法则   045

凯人

自由与成就：边玩边赚的深层魅力   052

大卫飞思

柴米油盐与手忙心闲   060

何方

第二章：职场突围——告别内卷，开启玩赚人生

边玩边赚：用兴趣和技能，开启自由人生   068

文亮

世界是我的办公室：用第二曲线打造自由人生   077

杰森

从体制内乖乖女到自由创富者   086

韵清

从理工女到理财师:边玩边赚,活出多彩人生　　094

燕子

女人的资本:如何在传统偏见与职场挑战中创造无限可能?　　101

德州康姐

从乡村医生到跨国企业家的蜕变　　107

冯在融

边玩边赚:从稻田到财富自由的逆袭之路　　115

林子

跳出井底,探索世界:活出多彩人生　　122

卢蔚青

第三章:财富解码——让赚钱成为生活方式

边玩边赚:梦想从行动开始　　130

王伊迪

边玩边赚：自由人生的高效法则　　137

荣辉

边玩边赚：用兴趣驱动人生，找到属于你的赛道　　144

书辰

我不是天生勇敢，但我一直在练习发光　　151

娜荷雅

用旅行改变人生，让世界成为你的舞台　　159

跨文化焱姐

自由与镜头，一场双向救赎　　168

阿狼

在风暴中，活成自己的光　　176

贺丽轩

用脚丈量世界，活出真正的自由　　184

田华瀚

第四章:健康优先——身心自由才是真正的富有

逆境中觉醒的生命之光

张静

192

探寻健康密码,开启健康人生

金闰迪

199

边玩边赚:从焦虑到自由的成长之旅

魏宏翰

205

以音为药,以埙为媒的音乐探索之路

玄音徵阳

212

第五章:思维跃迁——财富可传承,自由更可传承

边玩边赚:幸福的代际传递

江桂媛

220

茶路传奇:用世界的水泡普洱的茶

许玲玲

227

玩出正念，边玩边赚

`葛瑶`

235

边玩边赚，行路无疆

`无为`

242

第六章：AI变现——轻松掘金新时代

梦想的轨迹：从篮球少年到AI工程师

`张立夫`

250

边玩边赚：AI时代的环球私域

`邹娜`

257

从困境到自由：如何突破人生天花板

`陈志芹`

265

后记　写在最后，也写在开始

272

第一章

逆袭人生

从迷茫到自由

边玩边赚，

不是梦想，而是现实

千百合

边玩边赚俱乐部联合创始人
畅销书出品人
松弛创业法倡导者

如果边玩边赚真的可以实现,为什么没人告诉我?

老师说:"好好读书,长大后才能赚大钱。"老板说:"好好工作,才能有更好的未来。"我们信了,努力读书,拼命上班,熬夜加班,以为终有一天能换来自由。但现实是,学历高了,压力更大了;薪水涨了,自由却少了。

赚钱,为什么变成了一场苦行僧式的修炼? 世界上真的只有"辛苦工作"这一条路吗?

想象一下,你坐在巴厘岛的海滩上,脚趾陷入细腻的沙粒,椰香在空气中弥漫。你轻点鼠标,用 AI(Artificial Intelligence,人工智能)优化你的文章,你顺手回复几条信息——账户余额增加了。你关闭电脑,站起身,迎着夕阳慢跑,耳边是海浪轻柔的拍打声。

自由,从未如此触手可及。这,不正是边玩边赚的模样吗? 这不是幻想,而是越来越多的人的日常生活状况。不过,你可能有点怀疑——

"真的吗? 普通人也能边玩边赚?"

"如果赚钱真的可以这么轻松,那为什么还有那么多人累死累活?"

"这适合我吗?"

如果你有这些疑问,那么恭喜你——你正站在一个改变的起点。**边玩边赚不是少数人的特权,而是普通人也可以实现的现实,你我也可以做到。**

这本书,不是遥不可及的传奇,而是 35 位实践者的真实分享。他们中,有人曾被困于传统工作模式,终于找到突破的方法;有人从零开始,用 AI 赋能,实现收入翻番;有人正边旅行、边工作,探索世界的无限可能……而我，也曾和你一样，有着同样的疑问和迷茫。

01 从职场到自由：我如何开启边玩边赚之路？

"这，真的是我要的生活吗？"这个问题，一直在我脑海中徘徊。我曾沿着所谓的"成功路径"前进，从名校毕业，进入职场后，我拼尽全力地证明自己。但 8 年后，我发现自己像一台高效运转的机器，精准却失去了灵魂。直到那天——

上午，我坐在办公桌前，机械地敲击着键盘，屏幕上的文字一行行增加，但我的思绪早已飘远。身体的疲惫像沉重的枷锁，而内心的空虚更让我窒息。我看着窗外，那片天空是蓝的，而我的心里却是灰色的，忽然一种恐惧袭来：五年后，我还会坐在这张办公桌前，处理邮件和报表，等待假期和涨薪吗？ 这个念头让我窒息。

我必须做点什么。

那天中午，我约了一位挚友，向他倾诉我的迷茫。他静静地听着，最后轻轻地问："如果钱不是问题，你真正想做的是什么？"

我愣住了，沉默良久，终于开口："我想要自由。我想探索世界，创造属于自己的价值，我的人生不能被一张薪资单定义。"

他笑了："人生有时候，就是需要转个弯。"

那一刻，我做了人生中最重要的决定——离开职场，去寻找答案。

我很快发现，辞职只是第一步，我真正要解决的问题是——如何实现收入与自由兼得。

02 财富思维大转弯:为何努力工作赚不到自由?

如果有人告诉你,财富和自由从来不是对立的。你可以优雅、自由地生活,同时拥有源源不断的财富。你会信吗?过去的我,完全不信。我虽然不缺钱,但我不想做"有钱人",更不想成为"有钱的女强人"。在我的认知里,财富意味着压力、责任,甚至意味着失去自由,所以,我抗拒它,害怕它。

直到那天,我遇到了辛迪。"钱不是问题,思维才是。"她淡淡地说了一句,像往平静的湖面投下了一颗石子,在我心里激起了阵阵涟漪。

她抬眼看我,语气轻松地说道:"You can be soft,sweet,graceful,enlightened,and still be a multimillionaire."(你能做一个温柔、甜美、优雅、智慧的富翁。)

我愣住了,仿佛有一道光照亮了我心底最深处。

"I am a soft,sweet,graceful,enlightened multimillionaire."(我是一个温柔、甜美、优雅、智慧的富翁。)这句话在我的心中一遍又一遍回荡。

那一刻,我才意识到——**财富和自由并不矛盾,温柔与富足可以并存,优雅与财富可以共生。**真正困住我的,从来不是钱,而是我对钱的误解。

从那天起,我开始重新理解金钱,梳理自己与财富的关系,并翻译出版了《富裕终生》(Money Is My Friend)。这本书的核心概念如下:钱是我的朋友;真正的富足,不是赚更多,而是让金钱按照你的规则流动。

于是,我开始创业,搭建收入渠道,在积累主动收入的同时,也让被动收入自然增加。直到有一天,我的被动收入超过了日常开销,我终于明白:财富自由,不是存款数字的增长,而是生活方式的选择。你可以选择在哪里工作,而不是被办公室束缚住;你可以自由支配时间,而不是让你的时间被日程填满;你可以让财富主动流向你,而不是去追逐财富。

从这一刻起,我理解了财富,也真正获得了自由。**自由,不是等来的,而是创造出来的。**

03 世界在变,赚钱的逻辑也已彻底颠覆

时代变了,是时候重新思考了。

在这个变革的时代,有三大趋势值得每个人关注。

趋势一:AI 重塑赚钱模式。

有人用 AI 写作赚到第一桶金;有人用 AI 工具做课程,进而变现;有人用 AI 制作短视频,打造个人品牌,实现持续收入。

未来,懂得利用 AI 的人,将拥有前所未有的赚钱优势。

趋势二:数字游民崛起。

远程工作越来越流行,越来越多的国家开放"数字游民签证",欢迎自由职业者去世界各地边工作边生活。

你可以远程办公,用更低的开销过上高质量的生活;你可以在旅途中赚钱;工作不再受地理位置束缚,你可以用一台笔记本,在任何有网络的地方办公。

未来,真正的"职场",不再是办公室,而是你自己选择的任何地方。

趋势三:个人品牌时代。

现在,每个人都可以是一个品牌。你可以用社交媒体传播你的专业知识,打造个人IP;你可以开设线上课程,提供咨询服务,获得高收入;你可以通过社群、订阅,持续变现。

04 知识就是财富:如何把经验转化为可持续收入?

"知识,真的可以变现?"

在北大的教练班上,我遇到了一位靠视频号直播变现的同学。他不仅自己通过直播赚钱,还教别人如何做直播。有人仅用了两个月,就赚到了八万元。

这让我彻底震惊了! 当时的我,可以称作"五由人",实现了健康自由、心灵自由、财富自由、时间自由和空间自由,可以说是"无忧"了。但我仍然有一个未曾突破的局限——我尚未真正做到随时随地利用知识变现。

知识,也可以被转化、被传播、被用来变现。这位同学的经历让我开始思考:我的经验和智慧,是否能创造更多价值? 我的知识,是否能成为财富的一部分? 于是,我开始整理自己的经验,思考我擅长什么;我的知识,如何变现。

我将自己在健康管理、时间管理、实现财富自由、利用 AI、环球旅行等方面的经验,系统化、产品化,使它们可以被更多人学习、使用,让更多人受益。

我的知识变现之旅,正式开启。我第一次尝试利用自己的健康管理及旅行经验进行知识变现，建立收费社群，在实践中，我打磨出一套可持续的方法——把个人品牌、AI 赋能共创结合在一起，让财富自然流动。

今天，你看到的这本书是 35 位合著者的故事，也是 35 位合著者共同践行这一套方法的真实记录。我们相信：财富的自由，是一种境界；知识的自由流动，让价值生生不息；生命终有尽头，但文字可以穿越时空。

05 除金钱之外，我们还能赚到什么？

很多人一生都在追逐金钱，以为财富自由是终点。但当他们终于攒够了钱，却发现：不自由——想去旅行，工作不允许；想休息，客户还在催。透支了健康——成了"医院的常客"。人生体验少——年少时说"等退休后去环游世界"，结果真的退休了，自己却走不动了。

赚钱赚到最后，发现用掉了所有时间，拼光了所有健康。

真正的富有，不是银行存款的数字，而是你拥有选择的权利。边玩边赚，不是让你逃离现实，而是让你以更智慧的方式去生活。

边玩边赚的核心是找到那个既能享受生活，又能持续创造价值

的状态。你可以在旅途中，也可以在家中、在办公室中，在你热爱的每一个角落，让生活与财富真正融合。

边玩边赚，还可以帮你实现以下四大目标：

自由——不再被朝九晚五的工作束缚，赚钱的方式符合你的生活节奏。你可以在海边写作，在家陪伴家人，或者在异国的咖啡馆轻松办公。

健康——你有更多时间照顾自己。不用熬夜加班，不用牺牲健康去换取财富。

人生体验——你可以在巴厘岛学冲浪，在京都的小巷写作，在阿尔卑斯山滑雪，或者在家陪伴孩子成长，在你熟悉的城市里享受生活。你可以在赚钱的同时体验人生，不用等到退休再去追梦。

影响力——你的知识、经验、故事，通过社交媒体、书籍、课程、AI技术，被世界看见、认可。

真正的财富，是你拥有自由、健康、人生体验和影响力。这才是边玩边赚的终极目标。

06 行动指南：四步实现边玩边赚

你可能在想：这听起来很棒，但我要如何迈出第一步？别担心，你不需要辞职去流浪，也不需要一夜之间变成"超级个体"。你需要的只是一个小小的行动，让它引领你迈向边玩边赚的生活。

第一步：找到你的核心兴趣点

请你回答一个问题：如果钱不是问题，你真正想做的是什么？

你的答案，可能就是你未来的收入来源。

你喜欢写作？可以写文章、写专栏，做内容变现。

你喜欢分享知识？可以做课程，提供咨询服务，社群服务。

你喜欢旅行？可以做旅行博主、策划特色旅行项目。

分享一个公式：兴趣 ＋ 价值 ＝ 可持续的变现

第二步：用 AI 赋能，提高效率

在这个时代，AI 是你的加速器，让你的时间更值钱。你可以利用 AI 写作，提高写作效率；利用 AI 营销，精准触达目标受众，提高变现效率。AI 甚至可以帮你增加被动收入。

有人利用 AI 写作，增加被动收入；有人利用 AI 做短视频，批量生产热门内容；有人利用 AI 做自动化营销，全天候地开展业务。

我相信，未来，懂得利用 AI 的人，将拥有更大的竞争力。

第三步：开启副业（自由职业）

你不需要立刻辞职，可以每天花 3 小时进行尝试。你可以利用自己的技能，提供服务、进行写作、从事教学等，找到额外的收入来源。

有人白天是工程师，晚上用 AI 写作，半年赚到六位数；有人把旅行时写的攻略做成付费内容，用赚来的钱做旅费；有人用 AI 设计简历模板，放在网上销售，收入一万余元。

行动，才是改变的开始。

第四步：打造个人品牌，提升影响力

你不需要成为"网红"，但需要让人知道你是谁、你能提供什么价值。你可以：写文章分享经验，吸引志同道合的读者；把你的专业知识做成课程，实现长期变现；建立社群，找到一群有共同目标的人，为他们提供服务。

品牌不是名气，而是你能为世界提供的价值。当你提供的价值越来越大，你的财富就越积越多，因为你的主动收入和被动收入都在累积。

主动收入指用你的技能、知识赚的钱，包括写作、提供咨询服务、开设线上课程等。被动收入指你的投资、版权收入，以及订阅收费等。

最终，当你的被动收入超过日常开销，你就可以选择真正的自由生活。你可以工作，但不是因为必须工作；你能赚到钱，但不再牺牲健康和自由。

许多人在犹豫："这适合我吗？""我能做到吗？""我现在太忙了……"你最大的障碍，是犹豫。再等一年，你可能会看到那些从今天就开始行动的人，已经过上了边玩边赚的生活。他们不比你聪明，也不比你幸运，他们只是比你早迈出第一步。

世界上99％的人输在"想了很久，做得很少"，关键不是"能不能"，而是"敢不敢"，行动起来，就从今天开始！按以下四步做：

第一步，找出你的核心兴趣点，思考如何创造价值；

第二步，用 AI 赋能，提高效率，拓展收入渠道；

第三步，在工作之余，启动你的副业；

第四步，逐步打造个人品牌，提升影响力。

07 你的自由人生，从今天开始

我曾以为边玩边赚是少数人的特权，但我选择了迈出第一步，如今我已经过上了边玩边赚的生活。这期间，我经历了从离开职场到在北大获得启发，再到第一次知识变现；也经历了从用 AI 赋能，到决心完成人生百国计划，用脚步丈量世界……

这本书，不只是一本书，它还是一份邀请函。**它不仅告诉你"可以"，它还会让你看到已经有人在这样生活！**

如果你渴望摆脱时间和空间的束缚，赚更多的钱；如果你希望利用 AI 赋能你的工作和生活，轻松提高收入；如果你梦想边玩边赚，但不知道如何开始，请翻开这本书。

这本书的合著者们，是我生命中同行者，也是一个个勇敢追梦的"超级个体"。他们来自不同领域，有学生、职场人、创业者、企业家，也有旅行者、自由职业者、心灵导师、AI 赋能探索者……他们都在用自己的方式，探索 AI 时代的新可能，有的人已经实现了边玩边赚。

我强烈推荐你读一读他们的故事，看他们如何选择、如何坚持，如何在 AI 时代创造自己的精彩！

未来，懂得利用 AI 的人，将拥有前所未有的赚钱优势。

玩着玩着就赚了

袁星光

教育科技公司创始人
幸福动力导师
表达沟通力赋能教练

01 被束缚的玩家：现代人为何失去了快乐的能力

在快节奏的现代生活中，"玩"逐渐成了一种稀缺能力。我们被学习、工作、家庭等责任捆绑，按部就班地完成任务，却模糊了生活的本质。儿时一颗糖果能让我们雀跃一整天，一场游戏能让我们忘记时间，一次冒险能激起我们无数的期待，但成年后的我们，却逐渐失去了感知快乐的能力。

你是否记得上一次真正"玩"是在什么时候？是童年在草地上追逐蝴蝶的午后？是学生时代通宵组队打游戏的时候？还是在某次旅行中？对许多人而言，"玩"已经成为奢侈品。我们用成就定义一切，却在焦虑与空虚的循环中越陷越深。

02 知识付费时代的"伪玩陷阱"：当学习沦为焦虑的遮羞布

我曾是重度的知识付费消费者，手机里挤满课程信息：时间管理、写作变现、理财投资，甚至哲学、心理学……我试图用填鸭式学习缓解对未来的恐慌。但现实是：收藏夹里全是未读完的文章，报了名的课程抽不出时间学……我以为自己在"成长"，实际上是在用虚假的充实感逃避现实。

这种"伪玩"模式让我产生了更深的割裂感：一边焦虑学得不够快，一边愧疚周末不再去咖啡馆静心读书；一边转发"认知升级"的推送文章，一边在深夜刷短视频打发时间。知识付费的初衷本是赋能，却让许多人陷入"成长军备竞赛"。

03 北大导师班的觉醒：从提线木偶到游戏玩家

遇见本书主编千百合老师的那天，我的生命剧本开始改写。她是引领我感受爱与能量流动的天使姐姐，像掌握魔法咒语的引路人。她骑车穿梭校园时衣角飞扬的弧度；她在课堂中纵论古今的恣意态度；她在食堂吃着地三鲜时满足地眯眼的表情，都在诠释着"玩"的真谛：生活不必是一次苦行，而是一场需要松弛感的游戏。

在她的影响下，我尝试将人生调至"玩家模式"。

场景重构：把通勤路途变成体验人间烟火的剧场，将工作汇报会视为观点交锋的辩论赛。

认知跃迁：在工作中，把从"必须完成 KPI（Key Performance Indicator，关键绩效指标）"的想法转变为"这场商业游戏怎么破局更有趣"；停止强迫性学习，转而捕捉知识碰撞时乍现的灵感。

当紧绷的神经逐渐舒展，我忽然发现，玩不是逃避责任，而是在用创造性思维拆解困局。

04 角色突围：解锁人生的多线程玩法

我撕掉了"职业经理人""高三孩子的妈妈"的标签，开启了一场轰轰烈烈的角色实验。

担任演讲教练:我在为他人打磨生命故事时,自己的灵魂也在共振中升华。

做项目操盘手:我创办"智汇变现圈",点亮每位合伙人生命中的那道光,帮助他们设计商业模式。

做陪考导师:我将孩子的高考冲刺变成亲子闯关游戏,我跟孩子不仅自己玩,还邀请更多因孩子高考焦虑得失去幸福感的家长加入,我们一起找回教育应有的温度。

原来我们不必活在"应该做什么"的框架里,而应该激活多种角色。

每个角色都是新副本,当我不再执着于某个身份的"正确性",我的人生反而展开了更多支线剧情。

`

05 边玩边赚:在游戏中重构生命意义

如今,我的生活像被施了魔法,孩子高考冲刺变成亲子闯关游戏,我因此孵化出一家叫"超能教育"的教育机构。它成为孩子处于备考期、青春逆反期的家长的港湾,这里没有频繁的情绪崩溃,取而代之的是家长和孩子之间爱的流动。

与此同时,我们这些因玩而相聚的家长,受到启发,正在孵化新项目。

所有曾让我焦虑的"责任",都在玩家视角下转化为值得探索的关卡。更奇妙的是,这种状态令我的生活产生了裂变效应:

财富增加,我为客户创造好玩的体验,客户自然愿意买单;

家庭和睦,我用游戏化思维处理冲突,亲子、家人之间的交流和沟通更加顺畅;

自我提升，我的每个新角色都在拓展我的认知，我不断获得新技能。当我把自己当成游戏设计师，全世界都是我的素材库。

06 高能玩家社群的吸引力法则

行进在边玩边赚的道路上，我发现自己的社交圈层正在发生奇妙的嬗变。

曾经我需要硬着头皮参加的商务应酬，慢慢被思维共创的沙龙取代，我的社交圈也不知不觉被替换成能共同开发"社会价值副本"的战友群。某次在蓟州玩即兴戏剧时，我和一家教育科技公司的创始人老陆即兴演绎的情景剧《高分"学霸"养成与高能自主引领》，竟演化成心力成长青少年护航计划的推广方案。

在一次偶然的企业参访中，我们随机玩了一个"人生关键词寻宝"游戏。原来，平时雷厉风行的行政主管拥有一个开绘本馆的梦想，中年稳重的销售副总心中深埋着风驰电掣的机车梦。于是，在三个月后，集团总部竟真腾出空间设立了社区儿童书屋，在公司销售冠军榜上见到了一组机车型男的合影，那真叫一个"帅"！

我与超能班社群伙伴设计的"智汇变现圈"游戏，让每个人从身边邀请十位伙伴参加游戏，竟有十几位伙伴发挥天赋特长，开启了创新项目的孵化。

最震撼的是，在财产险行业新媒体赋能的活动上，当传统流程进行到"资源对接"环节，我们利用打破社交潜规则的游戏，最终催生了 3 个跨界合作项目，而最珍贵的战利品是某位行业资深专家发来的微信："这是我见过最不像社交的深度社交。"

在遇到导师继红老师那天，我的社交生态的进化就开始了。她总说:"别把关系当梯子去攀缘,要当'传送门'去穿越。"当我们带着玩家心态走进人群,那些曾经令人疲惫的社交圈,突然变成了可以自定义游戏规则的开放世界。

07 游戏永不落幕

现在,我常对学员、对备考的孩子、对一直在人生这个博弈场上拼搏的"选手"说:"别急着报下一门课,别急着催孩子,别急着论是非对错,别急着为了永无尽头的目标焦虑,先问问自己,今天准备怎么'玩'?"

生活是你可以自定义规则的游戏。那些我们曾视为重负的角色——职场人、父母、成功人士——本质上都是可切换的玩家角色。当我允许自己用"玩"的心态拥抱不确定性时,奇迹发生了:压力化作闯关的动力,连挫折都成了触发隐藏奖励的彩蛋。

在我尽兴地玩的时候,老天已将财富悄悄塞进了我的口袋。

行进在边玩边赚的道路上，我发现自己的社交圈层正在发生奇妙的嬗变。

看见最真实的自己

木 晓

自由摄影师
室内软装设计师
生活美学探索者

你，真的了解自己吗？人生是一辆驶向远方的列车，每一段旅程都是最好的礼物，了解最真实的自己，方可遇见最美丽的风景。

01 童年的疑问——不知不觉地随心生长

童眸里的遐思

豆腐坊的雾气在破晓前悄然升腾，

蒙着粗麻眼罩的小毛驴，

呼哧呼哧，喘着粗气。

一圈，一圈，又一圈，

绕着吱呀作响的磨具，

重复着祖辈的步履。

我脑海里满是谜题，

爷爷，爷爷，

小毛驴有这么大的力气，

它为何一直守在这里？

铁轨的银光于黄昏时渐渐明晰，

瞪大眼睛的火车，

吹起响亮的汽笛。

一节，一节，又一节，

蜿蜒伸展，穿过大地，

续写远方未知的传奇。

我眼眸中映着熠熠星芒，

妈妈，妈妈，

大火车为何这般有力气？

它们最终要驶向哪里？

这个四处追问的小孩，

是那 5 号人格的自己。

天生一副好奇的羽翼，

向着世界的真相，

悄悄地，振翅欲飞。

02 现实的困境——后知后觉的碰撞觉醒

夕阳的晚风掠过，小鸭子在水里"咕嘎咕嘎"，小学六年级的我在岸边反复背诵："banana，芭娜娜。"初中时全校第一的成绩单，高中时印在光荣榜上的照片，像一个看不见的牢笼，将青春的激情禁锢。

年少时，我并不了解自己，大学选择了土木工程专业，这是那个时代的热门专业。毕业后，我进入了中冶集团，每日与安全帽、卷尺、夜班手电筒为伴，围着图纸和钢筋混凝土打转。

那是一个满天星斗的夜晚，工友们在工棚里开心地推杯换盏，一个老乡的手机彩铃声忽然响起："毛驴拉磨啊，它走不出那个圈……"

这句歌词，让我打了一个寒战，陷入了沉思……

一个模糊的身影渐渐在脑海中显现，他正在小心翼翼地靠着墙练习倒立。原本白白净净的墙，被踩满了脚印。慢慢地，他告别了墙壁，可以在大草坪上自由地倒立。经过大学四年的练习，我最终将街舞大赛的奖杯举起。

舞步的炽热，融化了钢筋混凝土的枷锁。我转头望向窗外，一颗流星正沿着童年追问的铁轨滑落，那是心的列车，向着诗和远方、星辰大海一路高歌。

03 人生的转折——成长蜕变后找到最真实的自己

2017 年的春季，我乘坐"心"的列车，奔赴广阔天地，开启奇幻旅程的序章。

"优在集"仿若武林隐士，于繁华都市中藏起踪迹，在喧嚣中静候有缘人前来寻觅。

在这里，器、食、茶、衣、香、学、艺，极致的当代东方美学在眼前徐徐铺展开来。

"设计之窗"：一滴水的启示

顾忆老师是最温暖的建筑师，他提倡极省克制的设计理念，他说："最好的设计，是有温度的，不是让人膜拜的，而是让人触摸的。"我来到了顾老师的工作室工作。

在网红茶室"厢"诞生之前,为了节约成本,顾老师每天都带着大家在周边拆迁的村子里拾破烂。其间,我们找到了几个泡菜坛,本打算拿回去作花盆,结果有三个泡菜坛裂了,一直漏水,没法当作花盆使用,那怎么办呢?

这时,墙角处水滴的痕迹吸引了我们的注意,原来是空调冷凝水。顾老师带着大家做了一个别出心裁的装置,把一根细细的竹竿打通,连接上空调冷凝水管,冷凝水顺着竹竿一滴、一滴地滴下来,正好滴在破裂的泡菜坛里,因为泡菜坛裂了一条缝,水也不会满溢出来。当你轻轻地走进小院,就能听到"嘀嗒嘀嗒"的声音,仿佛时间在身边流动。

"摄影之门":三张照片的召唤

那是一个深秋的上午,我正像懒猫一样躺在床上呢,一条短信像一个小调皮鬼似的,"咻"一下就蹦进我手机里。原来是范炜老师下午要办一场"一张好照片应该长啥样"的摄影讲座。我一瞧表,嘿,只剩一个小时啦!我瞬间从床上弹起来,火急火燎地往公司冲。

然后,就跟引领我踏入摄影世界的第一张照片撞了个满怀,是艾略特·厄威特(Elliott Erwitt)的《镜中之吻》。那独特的拍摄角度直接让我看傻眼了,哟呵!原来照片还能这么拍呐!讲座结束,范老师拿出他收藏的画册当拓展资料。第二张照片蹦出来,是亚历克斯·韦伯(Alex Webb)的大作,他玩的是"做加法"的艺术。一个路上骑车的人和一个水上冲浪的人,被一座桥巧妙连起来,直接让我惊掉下巴,我的老天爷呀!不过,惊喜还没完呢!晚上我回到家,在范老师朋友圈又刷到第三张照片,是范老师自己的作品。他借助一面镜子,巧妙把自己塞进热闹的街头,就像给画面施了魔法,一下子趣味横生。

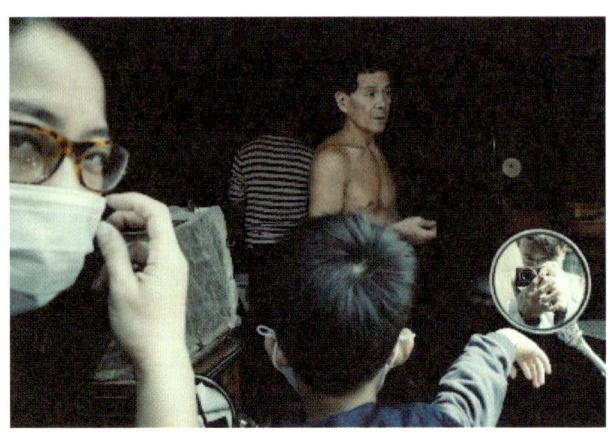

这三张照片，既没有《国家地理》那样的绝美风光，也没有明星大腕的绝美脸庞，只是人们身边的大街小巷和容易被我们忽略的独特视角。看过这三张照片后，我彻底被摄影勾走了魂魄，打那以后，只要出门，相机就像我的小尾巴似的，甩都甩不掉，街头巷尾成了我的摄影大乐园。掰指头数数，这个习惯我保持八年咯。

一隅方寸，亦有天地，诗和远方就在脚下。

"心灵灯塔"：破译九型图谱

那场冬日的音乐会，像一束光穿透迷雾，让我与"心上仁"的四位导师相遇。带着街舞的韵律记忆，我推开胡捷老师的门——这里不需要基本功的训练，只需让身体成为心灵的翻译。随后，在星彤老师、马继红老师、英子老师的课堂里，我看见了最真实的自己。

根据九型人格理论，每个人都是9种主型与3种副型的独特组合。自我保存本能、性本能、社群本能，调配出我生命的色谱。

5号人格（探索者，the investigator）的求知欲是我与生俱来的优势,助我在千军万马过独木桥的高考战场突围。

练街舞的四年,正是我性本能的觉醒,旋转、倒立、定格,每个动作都在重塑我的生命轨迹。从理工男到设计师再到摄影师,性本能指引我走向创造的原野。

九型人格理论从不论断优劣,只为每个生命定制专属的罗盘:有人用公式丈量深海沟壑,有人以舞步丈量星空轨迹——生命的广度,正在于航道的多样性。

生命的奇妙,在于与时代的每一次共舞。一次横跨太平洋的线上奇遇,让远在大洋彼岸的千百合老师成为我的导师。在她的指引下,我思考着当九型人格遇见镜头语言与建筑诗学,又会碰撞出什么样的火花?

开往下一站的汽笛声正在时光隧道里回响……一曲舞步,一隙裂缝,一帧照片,一堂妙课,皆是我生命旅程中的启明星,指引我找到最真实的自己。

愿你我,皆能在这纷繁尘世间,见自己,见天地,见众生。让树成树,让花成花,让每个人成为最好的自己。

生命的奇妙，在于与时代的每一次共舞。

边学边赚：

从出租屋到金字塔尖

的逆袭之路

李禹婵

作曲家

音乐教育者

艺术领航者

学生会主席

01 童年的树影：在爱的缝隙里野蛮生长

童年的回忆如树影般细碎，一阵风掠过，洒下明媚的阳光。父母用布满茧子的双手为我筑起避风港，我却在爱的屋檐下做着"逃兵"——作业本永远留着空白，考试成绩像过山车般起伏不定。

小升初那年，我以为能用业余十级的钢琴演奏水平蒙混过关，选择了钢琴演奏作为自己的专业。第一节专业课，老师用戒尺敲着琴盖说："每天 6 个小时，是活下来的最低标准。"我才惊觉自己跳进了一条冰河。

母亲带着我离开北京，住进沈阳城乡接合部的出租屋。墙皮剥落得像干裂的树皮，窗户漏风，她用透明胶带把漏风的窗户缝一条条贴住，胶带在玻璃上织成了歪扭的五线谱。每周四，我们搭两小时公交车去城里采购，塑料袋勒进掌心的红痕比琴键磨出的印记更深。春天，沙尘扑进琴房，肖邦的《夜曲》里混着铁锈味。路灯不亮，一棵树孤寂地伫立在月色下，好不忧郁。

在专业教室里，我的手指和大脑总比同学慢半拍。当他们在汇报演出中弹奏《月光》时，我缩在后台擦拭琴键上的汗渍。没人注意我，就像没人注意母亲啃着冻梨核说"这玩意越黑越甜"时，把最后一块果肉悄悄放进我的碗里。殊不知，冻梨的黑皮裹着最甜的果肉，冻土里埋着最倔强的种子。

那时，我从来不在意别人的眼光，所以即便不受关注，我也自顾自地过着自己的小日子。直到有一天，我在音乐节中听到了一场无与伦比的演出，第一次生出想要改变的欲望。声音划破空气的刹那，我忽然看清了音乐真正的骨骼——那不是黑白琴键的排列组合,是作曲家隔着时空递来的心跳。音乐中充斥着真挚的情感、深沉的爱意、殷切的期待……我只觉得好美,意识到这才是艺术该有的样子。

我盯着自己磨平指纹的指尖,思考着:音符里藏着万种呼吸方式,一个渐强记号可能是爱人欲言又止的哽咽;演奏者不是琴键的囚徒,而是作曲家们的传声者。

母亲在出租屋里啃冻梨核的模样,比任何琴谱都更深刻地刻进我的脑海里。

那天在回程的公交车上,我攥紧发皱的节目单突然流泪——原来过去的我迷路了。

02 破茧成长:从沈阳到天津,找到音乐的心跳

从那天起,我的生活彻底改变,我会在 10 分钟内吃完饭,边吃饭边回忆乐理;我每天练琴 8 个小时,琴凳上的软垫,成了我最亲密的伙伴。我的指尖磨出了厚茧,于我而言,这不是疼痛的证明,而是我成长的印记。

深夜,我躺在床上听马友友的大提琴演奏,月光洒在天花板上,仿佛画了一张五线谱。我终于明白,真正的突破,不是练成某个技巧,而是在疲惫到极限时,依然愿意坐在琴前。

在沈阳收到天津茱莉亚学院预科的录取通知那天,出租屋窗缝漏进的寒风也来向我道贺,海河畔传来的新乐章在我耳边响起。这座融合中西的音乐学院,不仅是专业的殿堂,更是一座通向世界的桥梁。

然而,我在这里的觉醒,并非源自更高层次的演奏技巧,而是发

现了自己的热爱所在——作曲。我过去以为，音乐只是演奏技巧的累积，但当我开始尝试创作，我才意识到，旋律不仅仅是音符的排列，而是内心最真实的声音。

我的作曲老师尼克洛·安森带我走进了音乐构思的世界。他教我如何突破规则，又鼓励我拓宽视野，不断探索新的可能。我就像久旱逢甘霖，一旦开始作曲，便不知疲倦。

深夜的琴房，我一边啃着面包，一边修改弦乐四重奏，面包屑掉在乐谱上，恰似一个休止符。食堂大妈认得我这个"谱子比饭盒脏得快"的学生，却不知道，那些潦草的音符里，藏着我在沈阳雪夜里没流完的眼泪。

我终于明白，音乐不只是技术，还是我的语言。

03 纽约序章：在琴键上触摸世界

站在茱莉亚学院的玻璃大楼前，我摸了摸兜里那张泛黄的超市小票——那是十年前我在沈阳的采购清单，后来成了我最珍贵的书签。

纽约的灯火璀璨，节奏飞快，一切都充满了可能。我在这里努力学习，也学会了如何用专业创造财富，实现边学边赚。课堂之外，我不断尝试，把热爱变成事业，将音乐当作我真正可持续的职业道路。

我不仅沉浸于课堂，更在实践中创造自己的价值。

我担任茱莉亚学院的视唱练耳助教，帮助低年级学生巩固基础，在这个过程中，我意识到知识可以转化为财富。

我在长岛音乐学校授课，不仅获得了稳定的兼职收入，也在教学中深化了对音乐的理解。

我作为美国茱莉亚学院中国学生会主席，策划演出、组织活动，搭建音乐与文化的桥梁，也积累了宝贵的人脉资源。

我一边学习，一边赚钱，不仅部分实现经济独立，让爸妈不再需要为我的学费和生活费操心，而且在学术与实践之间找到了平衡。我渐渐明白，想要在专业领域真正站稳脚跟，不仅需要才华，更需要商业思维和时间管理能力。

兼顾学业与工作的我，常常感到焦头烂额。但我很快意识到，时间管理的核心不是做得更多，而是做得更有价值，于是我进行了调整：

优先稳固学业。我每天固定时间练琴、复习课程，核心任务完成后再处理其他事务。

以教促学，提升效率。助教工作使我在教学中复习巩固，授课则让我更深刻地理解音乐。

精挑机会，积累长期价值。我长期坚持做助教和从事音乐教学，积累经验，等待机会。

调整以后，我的专业能力突飞猛进。我可以做助教，也可以独立教学，还能策划演出。我从一个单纯的音乐学生，成长为一个能够掌控自己人生的音乐人。

当我的作品在茱莉亚学院首演时，一位曾旅居中国的银发教授握着我的手，对我说："你让哈得孙河听见了辽河结冰的声音。"

那一刻，我忽然想起母亲当年封窗的胶带，想起那块甜甜的冻梨肉。曾经，连在宁路村（沈阳的一个村庄）都不算优等生的我，如今站在世界的舞台上，迎来了新的人生。

我学作曲的初衷，其实再简单不过：我想写出优美的音乐。因为热爱，我才选择努力；因为相信，我才敢于坚持。

想做的事情，就一定要去做。每个人都有选择的权利，唯一的区别是，你是否敢为自己做出选择。

音乐，就是我的选择。

04 方法论：我如何找到自己的热爱，并靠它创造财富？

我靠热爱的事业创造财富，离不开这三个方法，希望对你有所启发。

让热爱成为有价值的技能

很多人都有兴趣爱好，但兴趣和职业的区别在于，你的热爱是否解决了别人的需求。我开始教课后才明白，音乐不仅是表达，更是一种服务。如果你可以利用技能帮助别人，那么它就是有价值的。

主动创造机会

机会不会主动找上门，你得先迈出第一步。

我去竞选助教，最终获得了收入和经验；我去长岛音乐学校教课，开拓了视野，建立了口碑；我竞选学生会主席，建立了强大的人脉资源。

让成长成为一个正向循环

在教学中，我更深入地理解了音乐；在兼职中，我学会了高效管理时间，提升了执行力；在探索中，我发现专业与商业思维的结合，

从贫困少女到创业女王：我的边玩边赚之旅

陈月娟

美容管理导师
资深产品顾问
东方美践行者

你是否曾被出身困住梦想？你相信努力能开出幸福之花吗？我用我的故事告诉你，边玩边赚不是奢望。

01 出身无法选择，但未来可以

20 世纪 70 年代，我出生在一个小村庄，家里七个兄弟姐妹中，我排行第六。妈妈身体不好，常年吃药，爸爸一个人扛起家里的重担，累得直不起腰。我小时候最害怕妈妈突然晕倒，怎么叫都叫不醒，家里却没钱送妈妈去医院。

"小时候穷怕了，十几块的学费都拿不出来。"这句话没有一点夸张。我记得，我上初中的学费是八九十块，但家里拿不出这么多钱，最后决定让我辍学，把钱省下来供哥哥继续读书。我哭过、闹过，但还是不得不辍学。那一天，我觉得自己的人生没有希望了。

可是，我不甘心。我不相信人一生下来，就只能认命。我告诉自己，出身不能选，但未来一定可以选！

很多人觉得，出生在贫穷家庭的孩子，就注定一辈子受苦。我不信！如果我能找到一条路，哪怕再难，我也要走下去。

02 从酒店服务员到文员，学习让我翻身

辍学后，我进了镇上的酒店当服务员。没有文凭，没有技能，我只能靠体力换口饭吃。

每天站十几个小时，端盘子、擦桌子、洗碗，手泡得发白，脚肿得鞋子都脱不下来。客人不高兴了，朝我发脾气，我只能忍着，心里一遍遍地告诉自己："没有本事就得受气。"

有一次，我端着满满一盘菜，突然被客人撞了一下，整盘菜洒在地上，经理怒气冲冲地骂我："你干什么吃的？赔钱！"我低着头，咬紧牙关，不敢反驳。那天，我站在洗手间里，看着镜子里的自己，心想："难道我的人生就只能这样了吗？"

有一天，我看到酒店的文员坐在办公室里用电脑打字，工作体面又轻松，我心里想着："要是我也学会打字，是不是就能换个工作？"

从那天起，我开始拼了命地学电脑。白天干活，晚上去网吧练打字，敲到手指酸痛。我就这样一个字母一个字母地敲，一个软件一个软件地学。终于，我学会了基本的办公软件，后来成功转型为公司文员，不再是那个只能忍气吞声的服务员了！

03 学美容？全世界都反对，我偏不认输！

当了几年文员，工资就那么一点点，日子过得紧巴巴的。我心里憋着一股劲：难道这辈子就这样了？

直到有一天，我听说村里的一个女孩靠开美容院买了车，盖了房！我心里一震：她能行，我为什么不行？

那一刻，我的脑子里只剩下一个念头：我要学美容，我要赚钱！

我兴奋地对家里人说："我要学美容！"结果，全家人都反对！"你带个孩子，学什么美容？""女人老实在家待着就好，别瞎折腾！"最狠的是我老公，"你要学，就离婚！"老公冷冷地看着我，像是在怪我不知天高地厚。

我的心狠狠揪了一下。离婚？就因为我要学美容？我看着熟睡的孩子，脑子里一遍遍闪过一个画面——我一辈子困在厨房里，围着孩子、老公、灶台转。

我沉默了几天，白天带孩子、做家务，夜里盯着天花板，问自己："如果我放弃，这辈子会不会后悔？"

答案是——一定会！

我要拼，我要闯！我偷偷报了美容培训班，借了点钱交学费。白天学技术，晚上带孩子，等孩子睡了，我就反复练习。别人休息，我练习；累了，我就告诉自己再多坚持一会儿！

第一次上手练习，导师说我手没力，顾客不会喜欢。我心一沉，回家后疯狂练习，手按到发麻，肩膀酸得抬不起来。**我必须学好，必须成功！**

有一次，我帮客户做护理，紧张得手心全是汗。做完后，客户睁开眼，看着我说："手法不错，你以后肯定行。"

那一刻，我的眼泪差点掉下来——原来，真的有人相信我！

学美容，不只是学一门手艺，更是我对命运的抗争！

别人笑话我，说我年纪大，学不会，我告诉自己：**"没关系，总有一天，他们会看到我成功！只要不放弃，总有一天，我会赢！"**

04 创业太难了？难也要干！

学成以后，我咬咬牙，开了一家属于自己的美容院！

可创业哪有容易的？刚开店，没客户，没知名度，没资金，连买洗衣机的钱都拿不出来。所有毛巾、床单，我只能一件件用手洗，手泡得发白，指甲缝里全是洗衣粉的碱渍。

有时候，忙到半夜，站在水池前搓着一块块毛巾，我的手已经酸到麻木，可我还是不敢停。因为我知道，如果停下来，就真的撑不下去了！

最难的时候，我连买一包方便面的钱都要精打细算。信用卡刷爆了，我去找亲戚借钱，换来的却是冷嘲热讽："女人做生意？别做梦了！"我咬紧牙关，什么话都没说。我要证明给他们看，女人创业不是梦！

没有客户怎么办？我就自己去找！我每天背着美容工具，挨家挨户敲门推销，跑市场、发传单，甚至在街上拦住路人，笑着说："姐，我新开了一家美容店，免费请您去体验……"

有的人看都不看我一眼，直接走开。有的人皱着眉，嫌我烦："别缠着我，不需要！"被拒绝了一次又一次，忍受了无数的白眼。

有时候，我累得靠在店门口，手里还攥着没发完的宣传单，忍不住问自己："我的决定是不是错了？"

可每当我想退缩的时候，我又想起自己熬夜学美容的日子，想起无数人嘲笑我的那些话，想起我借款交的学费……我不能放弃！

于是，我抹掉眼泪，继续发传单，继续敲门，继续笑着对别人说："试一次吧，您会喜欢的！"

创业就是这样，你不低头，命运才会对你点头！

慢慢地，生意终于有了起色。第一个客户满意地走出去，带来了第二个、第三个客户……我的店，终于挺过来了！

老公的态度也变了，当年他说"你要学，就离婚"，如今每天接送我上下班。

我终于明白，世界不会在你落魄时安慰你，但当你撑过去了，所有人都会尊重你！

创业，不能轻易认输！

05 赚钱不能光靠苦干，方法很重要！

在创业的路上，我也摔过跤。光拼命干，不一定能成功，选对方法，创业路才能长远！

有些人努力一辈子，还是没有赚到钱；有些人看似轻松，却越赚越多。有没有找到对的方法是一个关键因素！

以前，我以为赚钱只能靠辛苦工作；后来，我才明白，可以自由、快乐地赚钱——关键是找到适合自己的方法。

这几年，我总结了五条经验，希望能帮到想创业的人。

选对方向，少走弯路！

别看到别人赚钱就跟着去做，赚钱不是凑热闹，而是找准自己的路。

没钱？先小赚，再大赚！

别想着一步到位，稳扎稳打才不会摔得重。

身边的人，是你最好的资源！

第一批客户不是陌生人，而是身边的朋友。你不说，没人知道你在做什么；你不争取，机会不会主动找你。

赚钱靠的不是运气，而是信任！

当客户相信你，他们不仅会买你的产品或服务，还会帮你介绍更多的客户。

时代变了，你不学就会被淘汰！

世界变化快，赚钱的方法也在变。你不学习，就只能原地踏步，看着别人超越你。

06 最后的话：你敢不敢迈出第一步？

靠自己赚钱，才有底气！

你不成长，世界会逼着你低头；你不独立，命运就会替你做决定。

曾经的我，穷到连买一包方便面的钱都要精打细算；现在的我，不仅经济独立，还在帮助 2 万多名女性变美！

如果你还在犹豫，还在迷茫，我有两句话送给你："**所有的坚持，都会有回报；所有的努力，都会有成果！你缺的不是机会，而是迈出第一步的勇气！**"

人生没有等来的辉煌，只有闯出来的精彩！你准备好迎接那个更强大、更自由的自己了吗？如果准备好了，那么就从今天开始，做一个掌控自己人生的人！

人生没有等来的辉煌，
只有闯出来的精彩！

经历与认知，
通往自由人生的
黄金法则

凯 人

企业管理者
投资人
喜爱种花种菜的园丁

亲爱的朋友，你是否曾经思考过，什么才是真正的自由人生？是财富的积累，还是身心的解脱？

我曾走过无数条路——从军营到农村，从大学到商界，每一段经历，都像一块拼图，逐渐拼凑出我心中的自由人生。

今天，我想与你分享我如何打造属于自己的自由人生。

01 从军营到农村：人生的第一课

我出生在江苏的一座美丽的城市，童年时随母亲迁往北方，与军人父亲团聚。军营的生活简单而有序，纪律与规则深深地烙印在我的心中。15 岁那年，我自愿"上山下乡"，成为唐山郊区的一名农民。

那段日子，清晨 4 点，我便与乡亲们一同下地，白天在烈日下挥汗如雨，夜晚还要参加政治学习。每挖一锄头，都是对意志的锤炼。农村的生活让我真正懂得了什么是吃苦耐劳，也让我学会了在艰辛中坚持。

后来，我进入工厂，成为一名维修工。与工友们一起劳作的日子，不仅让我对工人的辛劳有了更深的理解，也让我学会了与不同背景的人相处。

这些经历让我明白，人生的每一段旅程，无论多么平凡，都会在未来的某个时刻成为你前行的助力。

02 从工科女生到商界女性：走出舒适区的勇气

18 岁那年，我参加了高考。我虽然偏爱文科，但在"学好数理化，走遍天下都不怕"的观念影响下，还是选择了工科。在大学里，理工科训练培养了我的逻辑思维能力,也让我对数字有了敏锐的感知力。毕业后,我先后做过工程师和大学讲师,生活虽然稳定而安逸,但内心始终有一股不安分的冲动:我想要探索更广阔的世界。

于是,我来到了美国。初到异国他乡,我尝试过各种工作,从蓝领到白领,从餐厅服务员到办公室职员,每一次挑战都让我在陌生环境中成长。几年后,我和先生共同创业,我成了一名商界女性。在过去的 30 年里,我涉足过科技产品营销和服务、进出口贸易、房地产投资、金融投资及非营利组织财务管理等多个领域。从白手起家到如今过上富足的生活,这一路充满了酸甜苦辣。

03 经历的意义:从失败中学习,从挑战中成长

人生就要不断丰富经历,勇敢地走出舒适区。无论是成功还是失败,每一段经历都会成为未来的助力。

15 岁时,我上山下乡,锻炼了吃苦耐劳的精神;成年后,我敢于辞掉稳定的工作创业,把不确定性变成确定性,这都需要勇气。事实上，我并非天生胆大，甚至有些胆小。例如，因在农村插队时曾被狗追得心惊胆战，我至今仍怕大狗；因经历了唐山大地震，我刚到北京上大学时，寝室床铺上方的一根横梁能让我整夜无法入睡；初到洛杉矶，又因一场并不算大的地震，我决心举家迁往得克萨斯州。

我追求完美，害怕出错，以至于容易焦虑。怎么办呢？

保持求知欲，与智者同行，是我的法宝。知识就像一颗颗种子，总有一天会在你意想不到的地方生根发芽，助你前行。

当年在工厂做维修工时，我自学看图纸，研究不同的车床，即使还是个学徒工，就能完成复杂的维修工作。这让我深刻体会到，真正的学习不仅仅是学课堂上的知识，更要在实践中不断探索。大学的理工科训练培养了我的逻辑思维能力，使我在后来的投资项目中能够精准分析数据。这些经历让我更加坚信，知识的积累终究会在某个时刻成为我的竞争优势。

如今，我最想学的便是 AI，希望能够紧跟时代步伐，不被快速变化的科技潮流所淘汰。AI 不仅是一项技术，更是一种改变世界的力量，我希望能够理解它，运用它，甚至在未来利用它创造属于自己的价值。我喜欢听书和播客，尤其关注正念和金融方面的内容，因为这样既能减少眼睛疲劳，又能高效利用碎片时间，将学习融入生活之中。

在求知的道路上，我始终提醒自己保持谦逊和好奇，就像乔布斯所说的："Stay hungry, stay foolish."（求知若饥，虚心若愚。）不断学习、不断探索，不断突破自我，迎接更大的可能性。

人与人之间的连接，让人生更加精彩。朋友不仅是我们生命中的陪伴者，更是成长路上的引路人。我很感激身边有许多值得学习、给予我帮助的朋友，他们让我的世界更加宽广，也让我在生活的起伏中找到温暖与支持。

我的先生热衷于社区服务,而原本很"宅"的我,受他的影响,走出自己的小世界,结识了许多有爱心的朋友。过去,我习惯于独处,享受安静的时光;现在,我尝试参加公益活动、社交聚会,去倾听、去分享、去学习。我发现,人际交往不仅仅是寒暄和互动,更是一个互相滋养的过程,我学会了倾听不同的故事,感受不同的生活方式,也从朋友们的经历中得到启发,看到更广阔的世界。

如今,我更加珍惜与朋友们的交流,也乐于结识新的朋友。我相信,每一次真诚的交流都是心灵的触碰,而每一个朋友的出现,都是人生旅程中最美好的相遇。

04 健康与自由:身体自由是心灵自由的基础

自由人生,离不开健康的身体。健康不仅仅是一种生理状态,更是支撑我们追求理想、享受生活的基石。身体的自由,让我们有力量去探索世界,而心灵的自由,则让我们能真正活成自己想要的模样。

曾经,我因久坐而患上腰腿疾病,医生甚至认为我需要手术治疗。我选择通过锻炼来改善自己的状况。自从坚持每周四次的健身训练后,我的腰腿疼痛逐渐消失了,身体更灵活,体态变好了,睡眠质量也提高了。健康不仅让我更好地享受生活,也让我有更多的精力去追求自己的梦想。

健康的力量不仅仅体现在身体层面,它还影响着我的情绪、思维和生活态度。一个健康的身体,让我更有信心去迎接生活中的挑战,也让我更加珍惜当下的每一天。拥有健康的体魄和充满活力的心灵,方能不惧怕任何阻碍,勇敢追求自由人生。

05 自由人生的真谛：享受当下，拥抱未来

如今，我的孩子们已长大成人，我也过上了自己理想的生活——健身、听书、喝茶、种花种菜、旅行、走亲访友，深入研究宏观经济、做投资，利用 AI 学习写作。尤其是在 AI 技术的助力下，我找到了更多乐趣与收益的结合点，开启了边玩边赚的生活模式，每一天都充满新鲜感与价值感。

学习，让思想自由；挑战，让人生广阔；健康，让身体无拘无束。

愿我们都能用经历和认知，铸就属于自己的自由人生！谢谢大家！

人生就要不断丰富经历，勇敢地走出舒适区。

自由与成就：

边玩边赚的深层魅力

大卫飞思

人社部认证心理咨询师
个人成长顾问
人工智能训练师
AI应用专家

当边玩边赚这个说法最初进入我的视野时，我既好奇，又有些许矛盾。在普遍的认知中，玩似乎是一种消遣，它通常意味着休闲、娱乐、旅行、放松；赚则与工作、生产力、压力密切相关，常常伴随着压力和任务。所以，如何在"玩"和"赚"之间找到平衡，成为我深入思考的问题。你是否也觉得"玩"与"赚"不可兼得？你相信兴趣能带来财富吗？我用我的故事告诉你，自由从"玩"开始，成就随"赚"而来。

01 自由渴望：从童年呐喊到人生信念

从小，我就深知自由的重要性。小时候，我常坐在老家屋顶，望着远处的山，任风吹过脸颊，心里默念："我要自由！"那时的我不知自由为何物，只知道它比小卖部的糖果更甜，比课本里的公式更重要。每当有人问我最渴望的是什么，我都几乎毫不犹豫地回答："自由！"自由是我内心最为深刻的追求，它超越了一切，成为我不断努力的动力。时至今日，这种追求仍然深深根植于我心中。自由不仅仅是时间和空间的自由，更重要的是心灵的自由。在现代社会里，大多数人被工作、责任、家庭的压力所困扰，很难真正做到心灵的自由，而"玩"正是这种自由的象征。

在我看来，"玩"不仅仅是旅游、娱乐或放松的代名词，而是对生活的探索，是一种积极的态度，还是一种找到乐趣并让自己享受过程的能力。很多人把"玩"看作一种消极的行为，认为它没有生产力，甚至有些浪费时间。**但实际上，"玩"是一种探索的方式，是对生活的突破。**你可以通过旅行来"玩"，也可以通过任何形式的学习、创新甚至是工作来"玩"。

02 重拾编程：从生疏新手到 AI 玩家

讲到"玩"，我不禁想起我自己在编程方面的经历。多年前，我曾经正式学习过编程，掌握了一些基础的技术。但是，随着时间的流逝，我对编程渐渐生疏，因为工作中的问题和需求并不常涉及编程。然而，随着 AI 技术的迅猛发展，我重新审视了这一技术，并开始意识到它能帮助我解决许多工作中的问题。

AI 和编程的结合，改变了我对技术的理解和应用。 编程不再是纯粹的理论和枯燥的代码，而是一种实实在在的工具，能够帮助我在工作中提高效率、减少错误、节省时间。通过掌握 AI 的辅助编程能力，我不仅重新拾起了编程技能，更在工作中找到了新的乐趣和成就感。

有一次，我在工作中遇到了一个复杂的问题：我们需要开发一个自动化的文件模板管理工具。最初，我与开发单位沟通，对方给出的开发成本预算是十几万元，因为该工具不仅需要部署在服务器端，还涉及权限管理、文件模板管理等复杂功能。对方的报价让我有些犹豫，毕竟公司的预算有限。

然而，在掌握了 AI 编程辅助技术后，我决定尝试自己开发这个工具。我没有依赖外部开发团队，而是利用自己掌握的技能，通过 AI 工具的帮助，独立开发了一个绿色软件，解决了文件模板的管理问题。这一经过不仅让我找到了工作的乐趣，还让我体验到了成就感。通过自己的努力，我不仅为公司节约了成本，也成功解决了长期困扰团队的问题。

更令我欣慰的是，我独立开发的软件不仅在公司内部得到了认可，我本人也赢得了公司及集团的嘉奖。这一切，都证明了"玩"与"赚"并非对立，而是可以相辅相成的。在这个过程中，我通过编程"玩"出了一个解决方案，也通过这个解决方案为公司创造了价值，达到了"赚"的效果。

03 情绪调节："玩"转心理学，"赚"取人生成就

除了编程，另一个让我深刻体会到"玩"和"赚"相结合的领域是心理学。这一领域对我来说，既是兴趣所在，也是工作中不可忽视的一部分。情绪调节一直是我非常关注的话题，尤其是在团队管理中，如何帮助员工有效调节情绪，提高团队的凝聚力和工作效率，是我日常工作中的一项重要内容。

我曾通过自学，掌握了一些情绪调节和心理学方面的知识，并在工作中应用这些知识，帮助团队成员更好地管理他们的情绪。通过这种方式，我发现情绪调节不仅有助于个人的心理健康，也能够极大地提高团队的工作效率。

有一次，我在与网约车司机闲聊中，偶然提到情绪调节的话题。让我惊讶的是，这位司机竟然是一家银行的副行长。进一步交流后，我了解到他正在为银行的柜台员工设计一个情绪调节培训计划，他还邀请我去他工作的银行授课。这不仅让我感到意外，也让我意识到，情绪调节和心理学的应用在各个行业都有着广泛的需求。

最终，我为这家银行的员工做了两个小时的情绪调节培训讲

座，讲解了如何应对工作中的压力、如何有效调节自己的情绪。讲座得到了员工们的积极反馈，他们表示讲座不仅让他们收获了实用的技能，还增强了他们的工作动力。银行方面也对我的讲座表示满意，并支付了 1000 元的课酬。培训结束后，一位柜员跑来说："大卫老师，我昨天还想辞职转行，今天却觉得工作有意思了！"她眼里的光让我心头一暖。1000 元课酬远不及这份感动珍贵。**这次经历不仅让我体会到了边玩边赚的乐趣，还让我更加坚定了在这个领域深耕的决心。**

04 边玩边赚：AI 时代的自由密码

通过编程和情绪调节这两个案例，我发现，边玩边赚并非一个空洞的口号，而是可以实现的生活方式。在这两个案例中，我不仅通过自己对技术和心理学的兴趣，"玩"出了新的技能，还通过这些探索解决了实际问题，最终实现了"赚"的目标。

"玩"与"赚"并非割裂开来的两种活动，它们能够在生活与工作的各个方面交织融合。通过"玩"，我们能够激发创造力，打破思维的局限；通过"赚"，我们不仅能够获得物质的回报，还能够实现自我价值、获得内心的满足。两者的结合，能够让我们的生活与工作更加充实和有意义。

在工作中，如果我们能够用"玩"的态度去面对任务和挑战，保持探索的精神，那么"赚"的机会可能就会随之而来。"赚"来的不仅仅是物质的回报，还有在实现个人价值的过程中所获得的乐趣与成就感。

我认为边玩边赚有三大支柱：兴趣、工具、价值。以我个人经验为例：

兴趣：兴趣驱动我学习编程与心理学相关知识。

工具：我借 AI 开发软件，提升了效率，得到了公司嘉奖。

价值：我利用自己掌握的技能帮助客户解决痛点，赚取报酬，还得到了客户的认可。

边玩边赚，让我从职场的枯燥中解脱，并获得自由人生。

05 "玩""赚"平衡：探索无限可能

边玩边赚不仅仅是一种生活方式，更是一种积极的心态。无论是利用编程解决实际问题，还是利用情绪调节知识帮助他人，我都在"玩"和"赚"的平衡中找到了自己的价值和前进的动力。这种心态帮助我突破常规，追求自我实现，也让我在追求物质回报的同时，永葆对生活的热爱和无限的探索精神。"玩"出自由，"赚"来成就，我的人生不再枯燥乏味，而是精彩无限。

未来，我希望能够继续在工作和生活中保持"玩"和"赚"的平衡。无论是在技术领域，还是在心理学领域，我都希望自己能够不断突破，发现更多的可能性。我相信，随着 AI 技术的发展和社会环境的变化，"玩"和"赚"将会更加多样化和富有创造性。

让我们一起保持这种自由与探索的心态，继续前行，探索浩瀚宇宙，点亮璀璨人生，获得自由人生。

边玩边赚，让我从职场的枯燥中解脱，并获得自由人生。

柴米油盐与手忙心闲

何 方

"80后"留美化学博士
书法美育老师

古语有云:"能闲世人之所忙者,方能忙世人之所闲。"

一

我出生在芜湖,那里生活节奏慢,民风淳朴。我除了名字好记,没有其他突出的方面。按老爸的话说:相貌嘛,中等偏上;个性嘛,偏内向。初中、高中、大学,我的成绩差强人意。直到出国留学,总算给父母争了点光。

在美国,我用五年拿到化学博士学位,还找到了人生的另一半。

三十而立,我选择了家庭,相夫教子,任劳任怨。那时,我的愿望清单很简单:"为小家做出贡献。"只不过,这个清单后面还有两个字:"未完。"在生活的琐碎中,我独自彷徨,总感觉好像缺点什么。人生就是这样了吗? 就这样日子一天天地过去,自己一天天地老去? 我心生疑惑,却不知道自己真正想要的是什么。

二

我虽性情寡淡,却独独喜欢做饭。我在厨艺方面可以说是自学成才。对食物的爱,以及太平洋的阻碍,是我爱做饭的原因。

身在异国他乡,我思念的不仅仅是我的家乡,还有家乡那有着无数美味小吃的街头。刚来美国那几年,还没有微信,甚至没有中国餐馆,我只能自力更生。于是,在攻读博士学位的那几年,我学会了做煮干丝、牛肉面、小笼汤包、铁板烧,也会炒凉粉、拌凉面,还能独立做出一桌年夜饭。

留学期间,我因为厨艺结识了一帮小伙伴,我的先生也是其中之一。他说，我只需要做饭，家里其他的都不用我管。至今，我给他做了十八年的晚餐。

小时候，爸妈天天吵嘴打架，我不说话，擦干眼泪，关起心门，这是我保护自己的方法。**食物给了我最初的温暖，也给了我最漫长的陪伴。**

> 我想要有个家，
>
> 一个不需要华丽的地方。
>
> 在我疲倦的时候，我会想到它。
>
> 我想要有个家，
>
> 一个不需要多大的地方。
>
> 在我受惊吓的时候，
>
> 我才不会害怕。
>
> ……
>
> 虽然我不曾有温暖的家，
>
> 但是我一样渐渐地长大。
>
> 只要心中充满爱，就会被关怀。
>
> 无法埋怨谁，一切只能靠自己。
>
> ……

这首潘美辰的歌曲是我做饭时脑海中反复响起的旋律。食物带给我慰藉，在一次次双手的操作里，我体会到了造物的神奇。

在我看来，很少有事情能和做饭相媲美，让我如此全情投入。既不会受伤，也不怕遭殃；既不会浪费，还总能获得安慰。每一次小小的成功，每一点小小的进步，都是送给自己的礼物。

三

如果说，做饭于我是艺术的启蒙，是身心的食粮，那么书法便是心灵的蜜糖。

十多年前,我的第二个小孩长到三岁时,我也拥有了更多属于自己的时间。那时我一边相夫教子,一边继续思索未来的路在何方。偶然间,我在喜马拉雅听到关于《黄帝内经》的讲解。徐老师带领我与古人亲密接触。至今我还保留着那时的笔记,字里行间都是我对于传统智慧的惊叹与好奇。

小时候在少年宫,大多数小姑娘都爱美,都去学唱歌,学跳舞,而我选择了学国画。一到周末,我还老爱去爷爷奶奶家。他们退休后在老年大学继续学习,老两口挤在昏黄幽暗、堆满杂物的小房间里,抬头看帖,低头作画。

儿时种下的种子,渐渐发芽。凭借着在少年宫打下的基本功,我照猫画虎,自娱自乐,孜孜不倦地坚持了十余年,终于一步步踏上畅游笔墨世界的奇妙旅程。

以前我总觉得,琴棋书画诗酒花,不过是消遣,徒有形式而没有触及生活的本质。可真正进入书法的大门,我才知道自己是井底之蛙。书法,是一门功夫,它是系统性的学习与实践,不是想怎么写就怎么写的所谓"个性发挥"。书法凝聚了中华文明的精粹,承载着中华文化的基因。

四

传统文化与当下生活的结合,是美与爱的馈赠。如果有人问我,理想中的生活是什么样的? 那么我要说,就是现在这样的——融入了传统文化的生活。我现在的生活,就是我的理想生活。每天穿梭于书房与厨房之间,理想与现实之间;半日写字,半日做饭;半日读书,半日思索。

写字、读书于我而言,就跟买菜做饭一样,都是我喜欢的"充电"

方式，也是我为自己选择的生活方式。就像有人喜欢唱歌，有人爱打麻将，有人爱跳广场舞一样，我爱读书、写字。

你在哪里用功，就会在哪里收获。种瓜得瓜，种豆得豆。

我之所以长长久久地做一件事情，并不是因为它有多正确，也不是因为它有多重要，而是因为，它好玩儿。人生的后半段，我要做好玩的事情，并且要学习如何把自己认为对的事、重要的事变得有趣。这样的人生，才值得期待。

五

敢问路在何方？路在脚下。

站在四十岁的关口，回望过去，我的内心愈加清晰。此刻的安宁和平静，都是此前辛苦劳作的果实，也是此后继续耕耘的起点。

我越来越全情地投入当下，用心做的每一道菜，用心写的每一个字，用心画的每一幅画，都是我人生轨迹中重要的一笔。生活幻化成春雨，一点一滴地滋润着我的心田。

我将为心灵打造一座城池，建设一处港湾。在这里，我可以静坐写字，可以弹琴作诗，可以日复一日地凝神静气。心，会越来越安定，越来越从容。心的定力给智慧的火焰增加了一个保护罩，在狂风暴雨里，在电闪雷鸣中，智慧的火焰才不会熄灭，照亮我们前进的路。

六

自我赴美留学，成家立业，养育孩子，已二十余载。在照顾家人之余，每日读书写字，偶尔画画。**如今构思写作，才发觉自己已然成熟壮大，不再孤独茫然，而是变得温暖坚定，真诚可爱。**

《幽梦影》言："人莫乐于闲，非无所事事之谓也。闲则能读书，闲则能游名胜，闲则能交益友，闲则能饮酒，闲则能著书。天下之乐，孰大于是？"我深以为然。

敢问路在何方？ 路在脚下。

第二章

职场突围——

告别内卷，开启玩赚人生

边玩边赚：

用兴趣和技能，

开启自由人生

文 亮

一名感性的理工男

有趣有料的PPT传播力教练

边玩边赚的跑步画家

如果有一天，你的工作不再需要你了，你该怎么办？

我曾经天真地以为，努力工作就能换来安稳，勤勤恳恳终有回报。直到那一天——我被裁员了。

那一刻，我才明白，稳定不过是一种被动等待的幻觉。真正的安全感，不是源于一份工作，而是源于你创造的价值。

但讽刺的是，我们往往习惯于把"安稳"当作"安全"，把"不变"当作"可控"。

在那之前，我和无数职场人一样，被"稳定"的假象迷惑，日复一日地埋头苦干，以为这样就能换来未来的保障。

01 朝九晚五，真的值得吗？

曾经，我是一名朝九晚五的上班族，过着升级版的"996"生活。天还未亮就走进办公大楼，深夜才拖着疲惫的身躯离开，连三餐都是在办公大楼里的食堂解决。日复一日，我仿佛被困在一座看不见的围城里。

是的，我有一份体面的工作，薪水不低，甚至还有升职加薪的机会，未来或许还能靠退休金安度老年生活……但如果"稳定"意味着日复一日的机械消耗，真的值得吗？

2019 年，我被迫休假做脚部手术。不等伤口愈合，焦虑便驱使我回到岗位——我甚至借用了父亲的老年代步车，单脚蹬地滑行着穿过办公大楼，狼狈得像提前体验了老年生活。

同事偶尔推我一把，却推不动我的绩效评分。

2023 年 7 月 14 日，一个阳光明媚的上午，我照常忙碌，拿着文件找采购部门的同事会签。手机突然响起，是领导的来电："来总监办公室一趟。"

推开门的瞬间，我感到空气中弥漫着一丝刻意的客气。

下一秒，我明白了——我被"优化"了。

02 人生的经历，总有一天会发光

有人说，人生的每一段经历都有意义。但当你被裁员时，你真的能坦然面对吗？

我的答案是：我可以。

裁员并不是我职业生涯的终点，它给了我重启的机会。

当我走出办公室，离开那座奋斗多年的办公大楼，我没有愤怒，也没有怨恨。相反，我感到前所未有的轻松，仿佛一艘停泊已久的船终于解开了缆绳，虽对港口依依不舍，但内心深处涌起一种对未知航程的渴望。过去的稳定，让我误以为我希望停留在原地，而当真正迈出那一步，我才意识到，我的内心是多么渴望自由。

接下来，我该往哪走？

我回顾过往的经历，寻找那些被自己忽略的能力。有时候，我们习以为常的能力，可能正是别人梦寐以求的。

我加入了一个 IP 项目，我的本意只是想提供一些技术支持，帮助团队优化内容，提升整体运营的效率。起初，我只是利用自己擅长 PPT 设计和短视频剪辑，帮助他们完善了项目的宣传材料，让整体视觉呈现更专业、更吸引人。

在深入参与的过程中，我发现他们的后台系统架构混乱，许多流程依赖手动操作，效率低下。于是，我又主动承担系统架构的搭建工作，帮助团队搭建了更加流畅的后台支持体系，让整个项目的运作更加顺畅。

与此同时，我还专门制作了开营小视频，精心策划的脚本和视觉呈现，让整个项目在启动之初就能给参与者留下深刻的印象和美好的回忆。

这些工作对我来说，几乎易如反掌——PPT 逻辑优化、短视频剪辑精剪、后台架构搭建……每一个环节、每一项技能我都轻车熟路。然而，让我没想到的是，对方却看到了其中的稀缺价值。

当最终成果展现在眼前，对方的目光中除了惊艳，更有一种找到了专业人士的欣慰与满意。他们重新审视我的价值，主动提出要支付费用，以表达对我工作的认可。最终，对方不仅毫不犹豫地向我支付了一笔超过一万元的高客单服务费，更提出希望未来能与我长期合作，用我的技能持续为他们创造价值。

那一刻，我深刻地意识到：

那些你认为"微不足道"的技能，可能正是别人愿意为之买单的宝贵资源；

真正认可你的人，愿意主动为你付费。

这次经历让我重新思考了时间与价值的关系，低客单与高客单服务花费的时间可能相差无几，但收获却完全不同。

在帮助别人的同时，我也获得了更多的信心、更多的机会，最重要的是，我终于迈出了从"无偿提供价值"到"高价值变现"的关键一步。

03 你，也有无限可能

如果你也想突破现有的模式，探索自由职业，想用 AI 为自己赋能，实现真正的边玩边赚，那么，你并不孤单。

曾经，我以为朝九晚五就是稳定，直到被裁员才发现，真正的稳定是拥有随时重新出发的能力。

曾经，我以为赚钱必须辛苦付出，直到学会用 AI、用个人品牌为自己赋能，才发现赚钱可以是轻松、自由的，甚至是快乐的。

曾经，我以为人生的选择是有限的，直到走出职场的围城，我才发现世界远比想象中的更大，机会远比预料中的更多。

今天的我，不再被动等待机会，而是主动创造价值。你，也可以。

如何从"免费帮忙"到"高客单变现"？

第一步：让你的专业度被看见

你需要选择一个自己擅长的领域，并持续输出内容。目的是让人们在需要相关服务时，第一时间想到你。

这并不是无条件免费帮忙，而是用小而精的方式展示你的实力。例如分享一个实用技巧、优化一份 PPT，让别人受益；在社群中回答关键问题，解答别人的疑惑。

当你的专业度被看见，成交就是自然而然的事。

第二步：筛选客户，专注高价值客户

当你的专业度被看到后，就会有人来找你帮忙。这时，你需要学会筛选，多把时间花在高价值客户身上。

客户通常分为三类：愿意付费的高价值客户（优先服务）、感兴趣但尚未准备好付费的客户（适当培养）、习惯免费获取服务的客户（果断筛除）。

以下三点可以帮助你判断客户是否值得投入时间：

是否主动认可你的能力，而不是等你去证明；是否愿意投入资源，而不是仅仅口头夸奖；是否尊重你的时间，并愿意配合你的服务流程。

你的时间应该留给真正认可你、懂得你的价值的人。

第三步：打造高端服务体系

明确你的服务模式，避免一直处于"随时帮忙但不收费"的状态。

可以设定两个层级的服务：

基础服务，价格低，适合初次体验的客户；

高级定制服务，价格高，提供个性化解决方案。

此外，你的服务必须体现独特价值，比如提供比普通服务更精准的解决方案；你能随时反馈，帮助客户节省时间；你能提供系统化指导。

当你的服务价值远超客户的预期，价格就不是问题。

第四步：保持高能量状态，避免低效消耗

真正有创造力的人，都是在轻松、高效的状态下完成工作的，而不是在被消耗、被压榨的环境中挣扎。

学会远离让你感觉疲惫无助的合作对象，把时间留给真正能让你成长的人。保持思维活跃，持续探索，不断提升核心能力，而不是被低效的忙碌拖住脚步。

真正的自由，并不是什么都不用做，而是把时间花在最重要的事情上。

04 未来已来，你，准备好了吗？

曾经，我以为人生的路径是固定的，直到命运将我推向未知的岔路口。

曾经，我相信努力就会换来稳定，直到我发现，真正的稳定源于随时能重新出发的能力。

如果你还在等待"更好的时机"，那么请记住——世界不会等你准备好，你要自己决定何时出发。

机会一直都有，它属于那些敢于迈出第一步的人。

你可以继续站在原地，也可以主动拥抱变化，掌握自己的节奏。

你可以继续怀疑自己，也可以开始行动，在探索中找到真正属于自己的未来。

人生短暂，余生更珍贵。重要的不是你已经走了多远，而是从今天起，你是否愿意迈出改变的第一步。

世界很大，我们一起出发！

真正的自由，并不是什么都不用做，而是把时间花在最重要的事情上。

世界是我的办公室：

用第二曲线打造

自由人生

杰 森

第二曲线开拓者

独立投资人

至亲守护者

01 稳定的牢笼——高薪工作的隐形枷锁

我曾是许多人眼中的"人生赢家"——在硅谷的一个高科技公司一路拼搏，从工程师做起，最终升任副总裁。每天的生活按部就班，办公室里弥漫着咖啡香，会议室的白板上永远写满了代码和战略计划；和投资人推杯换盏，谈论着下一波技术革命。

表面上，这似乎是完美的工作。但成功的光环下，藏着看不见的枷锁。

公司里的人都在竞争更高的职位、更多的股票期权、更大的办公室，而我也曾是他们中的一分子。我习惯了职业生涯的稳定，习惯了每年按部就班的加薪，习惯了那种"已经看见未来"的感觉。**真正让我窒息的，不是未知，而是毫无悬念的未来。**

我知道，如果继续做下去，五年后，甚至十年后，我依然会穿着同样的西装，喝着同样的咖啡，在同样的会议室里讨论着不同的项目。只有项目在变，而我的人生毫无波澜。

一个看似稳定的职业，可能是最不稳定的。就在这时，互联网

泡沫开始破裂。

2000 年,公司大规模裁员,办公室里笼罩着不安的阴霾。投资人撤资,项目被砍,曾经意气风发的工程师们,在办公桌前刷新求职网站。

当许多人还在惊慌失措时,我已奔跑在新的跑道上。

02 12 岁那年的一堂财富课

其实,我早就知道,"稳定"是最脆弱的东西。

十二岁那年,父亲带我去一家意大利餐厅。我以为是一起吃午饭,但当我们抵达时,他却径直走向后厨,他和老板说了几句话之后,把我带到老板面前,然后对我说了一句话:"听他的安排,干他交代的活。"

那一天,我第一次握住了洗碗刷。从那以后,每天下课后,我都在这家餐厅忙碌,洗盘子、擦桌子、拖地,一直做到深夜。朋友们在球场挥洒汗水、骑车穿梭街头,而我在油烟和餐具碰撞的嘈杂声中埋头苦干。

我不明白,为什么别的孩子可以玩耍,而我却要干活?

当我终于攒够钱,推开商店大门,买下属于自己的第一辆自行车时,我才意识到,汗水换来的不仅是一辆自行车,更是一种掌控人生的能力。这种掌控感,比任何玩具都更令人兴奋。

那一刻,我终于明白父亲的用意:想要什么,就必须自己去赚。

从那以后,每个暑假我都在打工,在餐馆做洗碗工,在加油站做夜班工,在零售店做店员……每一份工作,都是一堂财富课。

我学会了珍惜金钱、理解时间的价值,也懂得了金钱可以失去,但掌控财富的能力不会。

03 第二曲线的启动——如何在职场巅峰布局转型

在成为科技公司副总裁的同时，我悄悄开始做自己的生意——在一个大型购物中心开了一家零售店。

白天，我在科技公司开会，和工程师讨论产品；晚上和周末，我去店里清理库存、培训员工，甚至亲自站柜台、卖货。每天工作 16 个小时，很少休息。

许多人不理解，觉得我"吃饱了撑的"，已经有高薪工作，何必折腾？但我知道，这不是瞎折腾，而是有意识的布局。第二曲线，是应对未来的不确定性最好的投资。因为我清楚地意识到：单靠一份工作是不安全的，单一收入更是不可靠的。

2000 年，互联网泡沫破裂，科技行业一夜之间天翻地覆，大量公司倒闭、股价暴跌，大批工程师失业。许多人还沉浸在"怎么会这样"的困惑中，此时，我的零售生意已初具规模。我面临人生的重大选择——是继续拿着高薪，在岌岌可危的科技行业等待，还是全力以赴投入自己的新事业？

最终，我不再犹豫，正式告别职场，踏上创业之路。

那天，走出公司大楼，阳光照在身上，我第一次感受到真正的自由。以前，每天的行程由会议来安排，未来由 KPI 来衡量，以后，我的时间终于归我所有。世界依旧喧嚣，而我的人生终于驶向未知的航道。

然而，离开职场只是第一步，真正的挑战才刚刚开始。从兼职经营到全职创业后，我开始扩展商业版图。

我意识到加利福尼亚州的市场已趋于饱和，我需要更大的发展空间、更低的成本、更好的供应链，于是，我大胆进入得克萨斯州，这里零售产业更成熟、租金更低、消费力更稳定。

我在达拉斯-沃斯堡地区开设新店，租下更大的仓库，建立更完善的物流体系，零售生意迈入新的增长阶段。我的第二曲线真正替代了第一曲线。

这段经历让我深刻体会到：

高薪不等于安全感，工作随时可能消失，但赚取收入的能力不会；

稳定不等于可靠，职业可能被淘汰，但持续创造财富的思维才是核心竞争力；

真正的安全感，不是死守一家公司，而是开辟多个收入来源，让自己永远拥有选择权。

当许多前同事仍在寻找新的职业方向时，我的生意已成功拓展至得克萨斯州，并且展现出更稳定的成长性与更广阔的前景。

至此，第二曲线成为我人生的全新航道。

04 从零售店到全球生意——顺势而为，打造可持续增长系统

一个小零售店，如何扩展至全球？答案很简单：顺势而为，抓住趋势；从线下到线上，突破地域限制。

最初，零售店的生意依赖购物中心的人流，但互联网改变了一切。易贝（eBay）兴起，我第一时间上线；亚马逊物流服务（FBA）推出，我立即加入，实现全球化销售。

短短几年，我的业务从本地扩展到全国，再到北美洲、欧洲、亚洲、澳大利亚等地；经营模式也从零售升级到批发，再到建立自有品牌。

真正的增长，靠的是顺势而为。市场如何变化，我就如何调整。

风起时,更要扬帆借力。

05 学会放手——从亲力亲为到系统运作

创业初期,我事无巨细,亲力亲为。但再努力,个人的精力终究有限,于是,我开始优化运营模式:

组建团队,聘请经理负责日常运营;

优化物流,提高仓储配送效率;

建立远程客服,全天候服务全球客户。

我从烦琐事务中解脱,将精力投入到战略布局,生意迎来了真正的腾飞:

从线下到线上,渠道倍增,客户覆盖面更广;

从零售到批发,优化供应链,订单规模升级;

从国内到国际,全球化布局,让品牌触及更大市场。

我也已经实现了财富自由。

财富自由,不是终点,而是起点。它的真正价值,不是让你"什么都不做",而是让你只做自己热爱的事。财富的终极意义,不是拥有更多,而是让人生拥有更多可能性。

06 退出传统生意,进入"世界即办公室"时代

2020 年,我做了一个大胆的决定——关闭公司,全面转向投资。不是因为市场不景气,而是因为我已经不需要通过经营公司来维持财富增长。我早已搭建好财富增长的体系,让资产为我创造收益。最重要的是,我获得了最珍贵的东西——自由。

我可以继续投资，让财富持续增长；我可以四处旅行，探索世界各地的文化；我可以学习，不断拓宽视野，持续成长。

我的办公室，是清晨的海边，是雨后的咖啡馆，是异国街头的书店。世界，就是我的办公室。

07 如何打造你的第二曲线，让世界成为你的办公室？

回顾我的经历，有三点经验值得每一个渴望突破现状的人深思。

在第一曲线的巅峰，启动你的第二曲线

不要等到失业或危机来临才寻找出路，要在事业最稳定、资源最充足的时候，为未来布局。

与其在风暴中寻找救生艇，不如在天晴时造好自己的船。

适应变化，而不是抗拒变化

市场、行业、商业模式永远在变化，真正决定你能走多远的，是你的适应能力。

越早顺势而为，越能轻松找到风口。那些固守陈旧规则的人，最终会被时代甩在身后。

财富自由，不是终点，而是起点

真正的自由，从来不是逃避责任，而是让你能选择何时工作、如何生活。

财富自由的价值，不在于你能停止工作，而在于你可以只做自己热爱的事。

金钱的意义，是赋予你更多选项，去创造自己想要的生活。

人生，是可以自由设计的。你的第二曲线，只能由你亲手设计。

别等到"准备好了"才行动，因为世界不会等你。

世界很大，机会无限，你的办公室可以是你想去的任何地方。

真正的增长，靠的是顺势而为。 市场如何变化，我就如何调整。风起时，更要扬帆借力。

从体制内乖乖女
到自由创富者

韵 清

操盘手
认知觉醒创富教练
大健康自由人生赋能者

01 觉醒与突破——从舒适区到自由天地

自我的觉醒

作为一个 34 岁的英语教师,有一天,我停下手中的笔,望着办公室那盏光线微弱的台灯,试卷堆积如山,内心被窒息感吞噬。这就是我想要的生活吗? 我要过一辈子这种一眼望到头的日子吗?

12 年的教师生涯、看似稳定的婚姻、社会对贤妻良母的期待,成为紧紧束缚我的三重枷锁。我努力扮演好自己的角色,却渐渐迷失了自我。

直到那年冬天,我因过度劳累病倒住进医院。我躺在病床上问自己:如果生命到此为止,我会甘心吗?

答案是否定的! 人生最大的遗憾,不是做不到,而是我本可以。

我意识到,自己一直活在别人的期待里,却从未认真思考我真正想要的是什么。

于是,我做了一个艰难的决定——告别安稳,重塑自我!

破局与行动:从辞职到人生重建

一次旅行彻底改变了我的思维。在丽江古镇的客栈,我遇到了一群边玩边赚的自由职业者,他们有人在咖啡馆写作,有人带着电脑远程办公,还有人直播分享旅途点滴。那一刻,我第一次意识到,工作和生活并非对立的,人生也可以如此自由。

旅行归来,我疯狂学习,30 天读完百余本书,构建自己的"人生样本库"。我报名线上课程，加入商业社群，参加线下沙龙，在广州的共享办公空间里，第一次感受到工作和乐趣共存的快乐。

终于，我写下辞职信，递交给校方，遭到校方拒绝。但我没有退缩，几个月后，他们终于松口。校长问我："你辞职后能做什么？"我坚定地回答："我不知道，但我相信自己能创造更美好的未来。"

与此同时，我的婚姻也陷入僵局。反复沟通无果后，我选择了结束这段婚姻。

当递出辞职信、拿到离婚证的那一刻，我感受到前所未有的自由。尽管前方充满未知，但我知道，只有跨出舒适区，才能走入更广阔的世界。

探索与发现：寻找属于自己的生活方式

我踏上了一次边玩边赚的探索之旅。我在广州的酒店研究 AI，在东莞的好友家直播分享写作的价值，在滇池湖畔的视频会议中激发创意。一路上，我不仅结识了志同道合的朋友，还在帮助他人的过程中创造了财富。

世界上有无数种赚钱方式，只要勇敢尝试，每个人都能找到适合自己的赚钱方式。我的每一次探索，既让我领略了不同的风景，也让我更清晰地认识自己。

我坚信：人生没有标准答案，敢于突破，才能活出真正属于自己的精彩人生。

02 财富系统的构建——从认知到行动

财富观的觉醒：从"稳定工资"到"复利思维"

过去，我认为稳定工资是财富的保障，直到深入阅读商业、理财和投资类书籍后，才意识到复利思维对于财富增长的重要作用。我开始规划资产，通过储蓄、基金、股票等方式配置财富，同时投资自己，疯狂学习，结识优秀人才，不断拓宽视野。

我思考如何利用生活方式变现，尝试多种赚钱方式。

写作：记录旅途中的人物和故事，争取出版并获取稿费。

开设线上课程：结合自身成长经验，打造知识付费课程。

做自媒体：在社交平台分享，吸引品牌合作。

我深入研究商业模式，运用"发现问题—拆解问题—解决问题—复盘迭代"的思维，为他人提供解决方案，探索如何实现"睡后收入"，让财富可持续增长。

实现边玩边赚的五项核心能力

学习能力与破圈能力

在快速变化的时代，持续学习是立身之本，唯有不断提升自己，才能适应未来。我辞职后每月阅读 10 本书，涵盖创业、投资、心理学等领域。同时，我努力破圈，与不同领域的人建立联系，拓宽视野，提升认知，以求找到更多机会。

状态调节能力

创业是一场马拉松，保持高能量至关重要。我自创了"5 分钟充电法"：1 分钟正念呼吸，2 分钟记录成功日记，2 分钟凝视愿景板，帮助自己快速调整状态。

在一场关键销售活动前，我用这套方法调整状态，最终超额完成销售目标。旅行、晨跑、冥想，让我随时保持高能量状态。

销售能力

销售不仅是推销，还是发现需求、提供价值的过程。我不断学习销售技巧，并结合市场分析，精准解决客户的问题，为客户制订个性化方案，曾创下一周内成交 20 单的纪录。

趋势捕捉能力

成功的创业者善于发现趋势。我关注大健康和心理健康行业，并在行业峰会上洞察到相关行业的趋势。通过精准选品，我在三个月内实现销售额翻倍。我也敏锐察觉到远程工作、数字经济的崛起，随即将各种经验和工具分享给更多人。

效率提升能力

AI 时代，高效就是竞争力。我运用 AI 辅助写作，用 AI 研究文案，利用 AI 为客户制定解决方案。在一次营销活动中，我现场利用 AI 工具批量输出高质量文案，吸引了大量潜在客户。高效利用 AI 工具，让我能腾出更多时间专注战略布局，真正地实现边玩边赚。

实现边玩边赚的三大法则

把人生当作产品，不断迭代升级

人生就像一款不断优化的产品，每个阶段都是一次版本升级：

1.0 版是自我探索阶段。我们在迷茫中前行，寻找自己的优势和资源。

2.0 版是能力提升阶段。我们认清趋势，拓展视野，能力大幅度提升。

3.0 版是财富积累阶段。我们通过学习财商，利用复利效应，让财富持续增长。

让热爱成为生产力

"做自己热爱的事，工作就不再是负担。"旅行和写作是我热爱的事，我学会了利用它持续变现，实现人生与事业的双丰收。

建立"能量—认知—财富"正循环

成功的核心在于能量、认知和财富的良性循环。

能量为我们提供持续奋斗的动力，保持健康与激情是成功的基础。

认知让我们看清机会，抓住趋势，找到最优赚钱方式。

财富为我们带来更多资源，助力我们实现更大突破。

03 实现边玩边赚的避坑指南

拒绝"低效努力"。努力不等于高效，大量的重复性劳动会消耗精力。善用 AI 等工具，提高效率，减少机械性工作，把更多时间用于战略思考和创新，让每一次努力都更有价值。

避免"单打独斗"。成功不是孤军奋战，而是优势互补、合作共赢。找到志同道合的伙伴，降低试错成本，共享资源，能更快扩大影响力。

生命的意义在于不断突破自我，勇敢追寻内心的热爱。愿每个渴望自由的人，都能找到属于自己的精彩人生。

我坚信：人生没有标准答案，敢于突破，才能活出真正属于自己的精彩人生。

从理工女到理财师：
边玩边赚，
活出多彩人生

燕 子

理财规划师
多元化资产配置者
奢活艺术人生实践者

01 成长与职业启航——工程师的职场转折

我从小乖巧，圆圆的脸庞、温顺的性格，始终沐浴在父母的宠爱中。与性格倔强的姐姐不同，我总是顺从父母的安排，生怕犯错受罚。成绩优异，担任班干部，成为三好学生，我的学习按照既定的轨迹稳步推进。

我的父亲是一名建筑工程师，他非常希望我能继承他的事业。在"学好数理化，走遍天下都不怕"的思想影响下，我没有过多思考，便报考了理工专业，并幸运地考入北京化工学院（现为北京化工大学）。毕业后，我成为一所化工职业高中的老师，日子平稳而安逸，看似前途无忧。

然而，命运总会在不经意间悄然改写既定的剧本。我跟随先生赴美，踏上了全新的旅程。这片陌生的土地让我意识到，自己必须迎接未知的挑战。我努力适应新环境——学开车、提升英语、准备考托福和GRE，最终获得电子工程硕士学位，并成功进入科技行业，成为一名通信行业的工程师。

当时，我以为自己找到了"铁饭碗"，内心满是欣喜和安全感。然而，2008年的金融危机给了我当头一棒——我所在的公司是通信行业巨头，曾在全球拥有十万名员工，却在互联网泡沫破裂的冲击下宣告破产。我这才明白，原以为坚不可摧的稳定是那么不堪一击。

公司倒闭后，我开始深刻思考自己未来的方向。一次聚会中，我结识了一群自主创业的女性，她们在银行、房地产、旅游等领域开创了自己的事业。她们的自由与自信令我神往，我问自己："我真正想要的是什么？我是否应该摆脱朝九晚五的束缚，边玩边赚地生活？"

一次偶然的机会，我遇到了一位理财规划师，她不仅帮助我优化了个人退休账户，还向我展示了财富管理的广阔前景。这让我萌生了浓厚的兴趣。几年后，我回到得克萨斯大学达拉斯分校，攻读会计硕士学位。学成后，我下定决心投身金融行业，开启全新的人生篇章。

进入金融行业后，我逐步理解了主动收入与被动收入的区别、自由与财富的本质，并学会在事业与生活之间找到平衡。与此同时，我利用各种机会接触商界精英，学习他们的思维模式和成功经验，不断提升自己的能力，特别关注沟通表达、组织协调和领导力等方面。

在成为理财规划师和团队的领导者后，我各方面的能力得到了极大的提升。我深知：团队的力量至关重要，没有完美的个人，只有完美的团队。我投入精力建设团队、培养人才，与志同道合的伙伴一起工作，带领团队一起实现财富自由。

人生的方向盘永远掌握在自己手中，只有敢于改变，才能驶向自由的彼岸。 财富不是目标，而是一种能力；自由不是状态，而是一种选择。

02 边玩边赚——探索自由的新生活

想象一下,你正悠闲地躺在墨西哥坎昆的白色沙滩上,阳光洒在肌肤上,海浪轻拍海岸,身旁放着一杯清凉的椰子汁。突然,手机响了——是银行账户进账的通知。这不是幻想,而是我如今的生活。

我是怎么实现这一切的呢? 我从零开始,逐渐学会了分散投资,不再依赖单一收入来源。我建立了多元化的投资组合,包括股票、房地产、年金、永久人寿保险和数字资产。从依赖一份工资生活,到让财富如河水般持续流动,我的收入模式发生了根本性的变化。

坎昆的海滩、阿拉斯加的冰川、秀美的尼罗河畔、戛纳、维也纳……这些地方不仅是我旅行的目的地,更是我的移动办公地点。远程工作,让我可以在自由探索世界的同时,管理投资、拓展事业。我过着边玩边赚的生活,每一天都充满激情、活力与喜悦。

这些年,我的足迹遍布全球。当我站在迪拜帆船酒店的顶层,望向无边的天际,脑海里浮现出迪拜酋长穆罕默德·本·拉希德的一句话:"人们说,天空是野心的极限;而我们说,天空只是起点!"

03 舞台上的自信绽放

小时候,在舅舅的影响下,我学会了拉手风琴,经常在学校的合唱团里担任伴奏。那时的我怎么也不会想到,这份热爱会在多年后再次点燃我的生活。

在达拉斯生活了三十年,我一直忙于工作和家庭,奔波于公司与家之间，孩子们小时，我要送他们上学、陪他们参加各种课外活动。那时的生活充实而忙碌，我的时间几乎被家庭和工作占据。直到孩子们相继长大、独立，大学毕业后各自进入职场，我才终于有了属于自己的时间。

当生活不再被柴米油盐和工作填满，我开始思考我真正想要的生活是什么。于是，我勇敢走出舒适圈，探索自己的兴趣。我参加了合唱团和舞蹈班。音乐与舞蹈不仅让我重拾青春的活力，也让我结交了充满正能量的伙伴。排练、表演、欢笑，我们在舞台上挥洒汗水，也在生活中陪伴彼此。

最近，我又挑战了旗袍舞。在专业老师的指导和编排下，在一个春节同乡会上我和同伴们身着典雅的旗袍登台亮相。《夜来香》的旋律响起，我和同伴们手持粉色的羽毛扇，伴着优美的旋律起舞。那一刻，我尽情展现自信与优雅，仿佛恢复了青春时的模样。演出结束后，朋友们纷纷投来羡慕的目光，问我老师是谁。

原来，真正的自由，是对热爱的全身心投入。

现在，我不仅拥有了自己所喜爱的事业，还沉浸在音乐与舞蹈的世界里，与朋友们共享美好时光。这种自由而充实的生活，是对我过往努力的最好回报。

人生如同舞蹈，唯有勇敢迈步，才能舞出属于自己的节奏。

04 边玩边赚，开启奢活艺术人生

对我而言，生活不仅仅是生存，而是一种艺术，一种对美好人生的追求。奢活并不意味着奢侈，而是一种精致、讲究、充满艺术感的生活方式。我追求的不仅仅是物质的满足，还有精神的丰盈。我喜欢用心感受生活的每一个细节，从一杯香醇的咖啡，到一场精彩的演出，从一套精心搭配的衣服，到一次与朋友的深度交流，所有这些，都让我感受到生活的美好。

在我的人生哲学里，美是一种态度、一种积极向上的能量。当我站在舞台上，用音乐打动人心；当我穿上旗袍，展现优雅与自信；当我在旅途中，用镜头捕捉世界的美好……这些时刻让我更加坚信，人生是一场属于自己的艺术创作，每个人都可以成为自己生活的设计师。

回顾我的旅程，从离开职场到自主创业，再到如今享受音乐、舞蹈与旅游，我深感人生的可能性远超想象。

很多人认为财富自由意味着拼命工作，而自由则意味着放弃收入，但我的经历证明，我们可以在玩乐中创造价值，在赚钱时享受生活！

边玩边赚不是梦想，而是一种可行的生活方式。

我诚邀你加入这段旅程，勇敢迈出边玩边赚的第一步！

原来，真正的自由，是对热爱的全身心投入。

女人的资本：
如何在传统偏见与职场挑战中创造无限可能？

德州康姐

财富自由导师
被动收入专家
全球商业领袖

你相信命运，还是相信自己可以改变命运？我出生在湖南长沙岳麓山下的一个小村庄，在一个寒风刺骨的冬夜降生。命运从未给过我温暖。当我还在襁褓中时，母亲便和二姐及父亲去了台湾，而我则被留在外婆家，由奶妈抚养。在生命的初期，我便被丢入命运的洪流，被迫学会分离。

后来，父亲带着不到 2 岁的我与 10 岁的大哥、7 岁的大姐一起从长沙到广州，再乘船来到台湾。家中兄弟姐妹众多，母亲重男轻女，我这个直言不讳的"湖南骡子"并未得到她的青睐。小时候，我常怀疑自己是否真的是母亲的孩子。上小学时，母亲为了照顾妹妹，让妹妹跳级和我读一个班，我总要向同学解释自己不是留级生。我只能更加努力读书证明自己的能力。最终，我以第一名的成绩毕业，遗憾的是我未能考上自己梦寐以求的北一女初中。

初中三年，我依然刻苦学习，并被保送至北一女高中。然而，我最终未能进入第一志愿东海大学社会系。那时，我下定决心：**要用成绩与才华证明自己，不仅要让母亲感到骄傲，更要改变命运。**

01 逆境中的选择:奋斗与转机

18 岁高中毕业那年夏天,我迎来人生的第一次转机——考入台湾电力公司电子计算机部门。我白天工作,晚上学英语,为未来做准备。20 岁时,我带着仅有的 100 美元,去了美国。

在台湾,我从小住在眷村,四周的邻居来自不同省份。耳濡目染的敦亲睦邻、礼义廉耻以及北一女高中的校训"公诚勤毅",让我学会如何以正直的态度面对挑战。在加利福尼亚州,我申请到了奖学金,并利用以前的工作经验找到了工作。**大学期间,我主修财务会计与计算机,坚持用学业与才智证明自己!**

大学时,我遇到了我的第一任丈夫。他来自泰国,祖上是潮州人,他家境优渥,是家中的长子,爱上了我这个敢爱敢恨、勇敢追求梦想的女孩。当他向我求婚时,我坦率地表示自己不擅厨艺,而他也坦言,他并不希望我婚后做传统的家庭主妇。

这段维持了 7 年的婚姻,终因彼此的文化背景与价值观差异而破裂。婚姻的结束让我更加坚定了"人生由我做主"的信念!

02 职场与创业：从航空梦想到房地产奇迹

大学毕业后，我进入美国联合航空公司工作，梦想着环游世界，却发现现实与理想相差甚远。即便是航空公司的员工，每年也只有两周的假期，免费坐头等舱还要看年资与职级！在公司工作两年多后，因机场工会罢工导致飞机停飞数周，我被裁员了。这是我人生第一次领失业金，也是第一次毫无心理准备地面对裁员。这次经历激发了我改变的决心——我决定创业，前往伊利诺伊州的芝加哥从事地产销售！

在芝加哥奋斗七年，我终于凑足了第一套房子的首付，并顺利开启了我的房地产投资事业。我从事房地产投资深受母亲的影响。在台湾时，她曾用父亲微薄的收入，通过标会的方式投资房地产。我从小耳濡目染，逐渐悟出一个道理：**钱生钱，才是快速实现财富增长的关键**！

此后，我不断投入，陆续在上海、北京、重庆投资了八套房子。同时，我在渣打银行用美元贷款购买了自己在上海的第一套房子，凭借对经济周期的判断，实现了资产的倍增。

离婚后，我曾在心中立下誓言：一定要成为百万富翁！离婚三年后，我在纽约遇到了我的第二任丈夫，至今我们已经相伴走过了40年。他也来自台湾。他爱我、支持我，也爱我的两个孩子。他的爱，支持我重新定义自己的人生。

在得克萨斯州，我与丈夫携手创业，我们专注于房地产领域，帮助了许多中低收入的美国人以零首付购得拍卖屋。我们两人每天的工作时长超过 15 个小时，持续多年，助人亦助己。最终，我们加入了全美高收入人群的行列，实现了自己的美国梦。

在不断努力的过程中，我发现人生还有其他的选择与可能。

03 走遍世界，见证梦想的实现

过去 30 年，我和家人的足迹踏遍六大洲！夏威夷、纽约、蒙特卡罗、巴塞罗那、巴黎、斯德哥尔摩、梵蒂冈……最难忘的是在蒙特卡罗的海滩酒店，听意大利歌唱家安德烈·波切利的演唱会。音乐厅有可移动的屋顶，当烟花在夜空绽放的那一刻，我内心的震撼与激动难以言表。

04 AI 时代的自由人生属于有准备的人

从湖南小村到台湾眷村，再到美国商界，我用亲身经历证明了一个道理：财富自由不是靠等待，而是靠主动创造。在这个 AI 时代，世界已经改变，商业模式也在重塑，那些愿意改变思维、抓住趋势的人，将成为新时代的赢家！2024 年，我去迪拜旅游，看着这座从沙漠中崛起的奇迹之城，初次见到直插云霄的哈利法塔，我深受震撼，它启迪人们要敢于攀登属于自己的巅峰！

如果你希望在 AI 时代获得财富自由，那么让我们相约在南非太阳城，共同创造新时代的传奇！AI 时代的巅峰，属于敢于想象并坚定行动的人。

财富自由不是靠等待，
而是靠主动创造。

从乡村医生到
跨国企业家的蜕变

冯在融

Toucan地板品牌创始人
健康管理专家
全球旅行家

如果20年前有人告诉我，有一天，我会成为北美连锁企业的创始人，我一定会笑着摇头。

我曾是一个安徽农村女孩，脚踩乡间泥土，身上满是草药香气。现在，我站在全球市场的舞台上，经营着一家跨国公司，用智慧与远见书写商业传奇。

从乡村到都市，从医生到企业家，我的人生的每一次转身，都是新的起点。回头看，那些我曾以为难以逾越的障碍，其实都是生活精心埋下的"惊喜盲盒"——每一次跨界的挑战，都让我遇见了全新的风景；每一道难题的破解，背后都藏着意想不到的"金矿"。那些让人咬牙坚持的时刻，最终都变成了人生账户里的快乐利息。

赚钱不该是充满压力的事情，而应该是充满乐趣的游戏。人不该被事业束缚住，而应保持对世界的探索。我认为边玩边赚的真正含义是在快乐中积累财富。

01 从乡村到城市，梦想的起点

我出生在安徽的一个小村庄，那里青山环绕，稻田连绵，生活虽简单，却满载着乡土的温情。祖父是当地颇有声望的医生，家里满是充满草药香气的药柜，它们仿佛藏着古老的智慧。每当他为乡亲们诊治时，总会耐心讲述各种草药的功效与故事，这些耳熟能详的药名与传说，早已融入我的血脉。

在祖父的影响下，我走上了医学之路，离开乡村，步入城市，凭借勤奋与努力，成了一名真正的医生。对我而言，这是一次巨大的突破，父母的眼神里藏着对我的期望，乡亲们也对我寄予厚望，他们相信我能闯出一片天地。

成家后，稳定的生活与收入并未让我就此止步。女儿的出生为家庭带来欢笑，也给我带来了新的责任。我开始思考：如何在保障家庭稳定的同时，更自由地生活？或许，正是这份对更美好的生活的追求，让我在事业与家庭之间不断寻找平衡。

02 勇敢抉择，创业与家庭的平衡

人生的转折，往往源自一次次勇敢的抉择。 千禧年前夕，我丈夫毅然辞去稳定的工作，准备自主创业。起初，他的这一决定曾让许多人不解，认为这是在冒险。然而，他用坚定与努力证明了自己的选择是正确的。

那段时间，他奔波于市场和厂房之间，收入虽逐步增长，但一家人团聚的时光却越来越少。每当夜深人静时，我常常思考：成功的背后，究竟要付出多少代价？女儿期盼的眼神和对父亲的眷恋，让我们倍感愧疚。然而，就在事业逐渐步入正轨时，2003年的一次体检打乱了我们的生活节奏——丈夫被诊断出得了糖尿病。

面对突如其来的危机，我做出了人生中的又一个重大决定：辞去医生工作，全力承担家庭与事业的双重责任。2004年9月，儿子的降生让我更加坚定自己的选择。那段日子里，我学会了如何在逆境中保持乐观，在责任与付出中寻找平衡。

2008年，我被评为省级优秀女企业家。站在领奖台上，我仿佛看到了那个曾经为梦想拼搏的自己。所有的辛酸与失落，在那一刻被满满的成就感取代。这不仅是对我过往努力的肯定，更让我重新审视自己的选择。

每一次挑战，都是自我突破的契机，每一次坚持，都是梦想照进现实的见证。

生活也教会我：金钱和事业固然重要，但陪伴家人、守护健康同样不可忽视。正如我常对自己说的："事业的成功造就辉煌，但没有温暖的家庭和健康的体魄，一切都将失去意义。"

03 海外二次创业——跨越国界的飞跃

2012年8月，为了让两个孩子到国外接受教育，我带着他们前往加拿大求学。离开熟悉的故土，置身异国他乡，人生仿佛打开了一幅全新的画卷。曾经的女企业家，变成了陪读妈妈。孩子的欢笑声交织着异国文化，这成了我们生活的主旋律。但与此同时，我们全家的房贷、车贷、日常开销每月高达近两万加元，高额的支出让我不得不重新思考家庭未来的经济承受能力。尤其是想到儿子才上小学三年级，等他上大学，我们该怎么办？我们急需找到一条既能充实自己，又能为家庭带来收入的新途径。

2014年5月，Toucan地板店在多伦多悄然开业。站在店铺门口，我紧紧攥着第一批进货单，心里有些忐忑，如果这批货卖不出去,我们的投资可能就会打水漂。不想短短一个多月时间,产品几乎销售一空。那一刻,所有的艰辛都烟消云散,能在异国他乡赢得客户的认可,格外振奋人心! 我们信心倍增,也坚定了信念:只要产品够好,就能在竞争激烈的市场中站稳脚跟。

然而,创业的道路从来不是一帆风顺的。2015 年,美国某企业内部权力斗争引发了美国市场所谓的"地板质量"问题,导致全球舆论将矛头指向"中国制造"。作为中国制造业的一员,那一刻,我的愤懑、委屈难以言表。但我们深知,抱怨无济于事,唯有行动才能改变现状。为应对危机,我们选择用更高的标准来要求自己——从那时起,我们将 Toucan 品牌的 LOGO 刻在每一片地板背面,把每一片售出的地板当作企业的名片。

客户的认可,胜过千言万语。每一位客户的认可,都是我们前行的动力。功夫不负有心人。一天,一位客户拿着刻有 Toucan 品牌标志的地板样品走进店里,将样品放在吧台上,坚定地说:"就要这个大嘴鸟牌子的地板,给我来 5000 英尺!"听到这句话,我愣了一下，这真的是点名要 Toucan 的产品吗？还是我听错了？然而，这样的场景很快在其他门店不断上演。这不仅是品牌价值的体现，更是市场对我们产品品质的认可。

从 2014 年到 2024 年的十年时间，我们从多伦多的一家小店，到在加拿大五个省开了十多家连锁店，销售业绩稳步增长，团队从最初的 5 人扩展到 50 多人。这些年来，我们始终践行"质量是保证，诚信是根本"的承诺，一步步赢得客户的信赖，一步步实现商业愿景。只有在风雨中磨砺，才能铸就品质的金字招牌；只有坚持诚信，才能赢得客户的信任。

在经营企业的过程中，我逐渐体会到：创业不仅仅是为了赚钱，更是源于对生活的热爱和对未来的无限期待。只有在享受生活的同时努力奋斗，才能真正做到边玩边赚。

04 孩子们的成长与 Toucan 的未来

如今，女儿学成归来继承父业，为成长中的 Toucan 团队注入了新的活力。她不仅凭借自身的专业能力推动企业发展，还弥补了我和丈夫在语言上的短板，使我们倍感欣慰。儿子在我们的陪伴下健康成长，逐渐展现出自己的兴趣和天赋，并凭借优异的成绩考入多伦多大学计算机科学专业。作为家长，我们见证了他们的努力与蜕变，对他们的未来充满期待。

未来，我们将继续朝着"成为人造板行业领先的跨国企业"这一目标迈进，我们将依托多年深耕制造业的经验，在北美建设生产基地，让"中国制造"出海。我们将持续创新，拓展北美市场，将 Toucan 打造成建材行业最具影响力的品牌，使企业实现腾飞。

05 健康与梦想同行——边玩边赚的新境界

迈入中年,事业已初具规模,但我深知,成功从来不是终点,而是新的起点。然而,在拼搏的过程中,我越来越深刻地体会到:真正的财富,不仅包含事业的成功,还包含健康的体魄。我深知,唯有健康的体魄才能支撑起远大的梦想。今后,我计划将医学知识与企业管理相结合,探索健康管理的新模式,关注企业成长的同时,也关心家人、员工和客户的健康,让奋斗与幸福同行,让赚钱的过程充满乐趣与活力。让边玩边赚,成为一种生活方式。

每当清晨第一缕阳光洒进窗户,我都会提醒自己:"健康和快乐是人生最美好的礼物。"这也是边玩边赚的最佳诠释。只有身心健康,才能笑看风云变幻。

06 结语

如果你还在迷茫,不知道如何选择未来的方向;如果你渴望自由,想要在热爱的领域边玩边赚。不要再等待机会,主动出击吧!现在,就是最好的开始!

迈出第一步,去创造属于你的精彩人生吧!

我认为边玩边赚的真正含义是在快乐中积累财富。

边玩边赚：从稻田到
财富自由的逆袭之路

林 子

教育多面手
资源创享家
教育赋能者

01 稻田里的觉醒：生存法则的刻印

七月的罗田，蝉鸣震耳，空气湿得仿佛能滴水。14 岁的我站在稻田中央，攥着豁口的镰刀，手心被粗糙的木柄磨出一排排水泡，汗水顺着晒黑的脖颈滑进衣领，在褪色的布衫上洇出深深的汗渍。

"啪！"一捆稻穗重重地砸在脚边，母亲站在田埂上，厉声喝道："发什么呆？天黑前割不完这亩地，晚饭就省了！"

泪水在眼眶里打转，我咬紧牙关，弯腰继续挥镰。血丝在镰刀柄上留下的暗红的印记，就像命运在我人生的草稿纸上打下的鲜红叉号。

贫穷，让我学会忍耐，也让我学会思考。如果一辈子被困在这片稻田里，那人生还有什么意义？

我不想一生都被镰刀和泥土束缚，我要跳出去，我要寻找属于自己的天地！

在艰苦的岁月里，我最幸福的便是用文字记录下农田里的点点滴滴。那时，我惊喜地发现自己对写作有着浓厚的兴趣。

我常常如饥似渴地阅读各类书籍，从中国古典文学的瑰宝"四大名著"，到老舍先生充满人间烟火气的文集，再到居里夫人的传记。

阅读,让我与书中人物展开跨越时空的心灵对话。其中,巴金先生的"激流三部曲",更是令我深受触动,让我学会与内在的自己对话。

也正是从那时起,我养成了天天写日记的习惯,用文字记录下那些平凡日子里的珍贵时刻。

写作,成为我与世界深情相拥的独特方式,赋予我源源不断的勇气和力量,也为我日后做自媒体奠定了坚实基础。

写作,便是我改变命运的方式。

02 三次高考与五张信用卡:在绝境中突围

2012年深秋,我蜷缩在北京的地下室里,啃着冷馒头,手机屏幕上跳动着那串令人窒息的数字——负68320元。

第一次创业失败,合伙人不知所终。

床底的纸箱里,装着三张不同年份的录取通知书,它们仿佛在无声地嘲讽我:那个坚信知识改变命运的乡村少女,如今正被现实压在谷底。

活在深井里的我,还能改变命运吗?

在人生的至暗时刻,我选择了读书、学习和向上社交,踏上跃迁之路。

03 利用知识付费,实现华丽转身

我很幸运,赶上了好时代,新兴的赚钱方式如雨后春笋般不断涌现。火爆全球的短视频,蓬勃发展的自媒体,知识付费,在线课程,每一个领域都宛如一座蕴藏着无尽宝藏的矿山,为人们提供了前所未有的赚钱机会。

我敏锐地察觉到市场需求的变化,果断抓住每一次市场红利:

涉足家教领域,进入慧聪网担任销售主管,踏入企业家培训领域,进入智能中高考培训赛道。

我顺势而为,大胆尝试跨行业投资以及探索不同职业,在时代的洪流中乘风破浪,实现财富的增长。

我深刻意识到,教育,绝非简单的知识传授,而是一个能够真正滋养灵魂的伟大行业。

通过与大量学生、家长以及学校负责人深入沟通,我惊喜地发现,智能中高考培训恰好是我们团队优势极为突出的领域。更为重要的是,这是一个深度依赖经验的行业！随着时间的推移,经验和口碑将成为我们最宝贵的财富。

我基于多年积累的互联网新媒体运营经验,将团队帮助许多中高考学生成功提分的案例、平时上课的精彩瞬间以及各类花絮内容,上传各大平台,努力打造个人 IP。

我稳步踏入知识付费行业,巧妙结合线上课程与个人 IP,成功实现了从传统教育行业到智能 AI 中高考培训的华丽转身。

04 恋爱与成长:从情感经历中积累智慧

每一次恋爱,都如同一段意义非凡的人生旅程,而失恋更是深刻进行自我探索的契机。从感情经历中,我不断总结经验,让自己从不完美逐步成长为独立、成熟、身心合一的女性。

在毕业后的短短一年里,我从 3000 名电话销售人员中脱颖而出,晋升为主管、经理。同事们对我的拼命劲儿感到好奇,而我甜甜一笑,给出了答案:因为爱情。

当时,男朋友进入浙江大学读研,后进入清华大学学习,而考研失利的我,为了能与优秀的他并肩前行,拼尽全力在职场打拼。虽然这段感情最终未能修成正果,但让我获益匪浅。

恋爱,就像是创业的陪练,教我学会情绪管理,让我变得更强大。

恋爱让我与积极向上、充满正能量的人同行,我们相互激励,共同成长。

恋爱让我学会理解他人,精准表达需求。

每一次失恋,都是一次自我觉察的机会,最终让我变得更加独立、自信而勇敢。

内在的成长,让我在人生的舞台上绽放独特的光彩。

05 巧用工具与资源:助力梦想腾飞

十几年来,我始终怀揣着对知识的敬畏之心,向行业领域的专家求教，为了学习我累计投入超过八十万元。在这里，我衷心感谢两位老师，他们犹如我生命中的灯塔。

第一位是时间管理领域的叶武滨老师。上了他的课程后，我便被其独特的魅力和丰富的理论知识所吸引，成为他的合伙人。我跟随叶武滨老师在时间管理领域深耕细作，也将时间管理的经验毫无保留地分享给我的团队。

第二位是财商教育行业的领军人物。在一起创业做财商教育的过程中，我见识了他卓越的财商天赋。他的这一理念让我印象深刻：每一次市场波动，都是调整策略、发现新机遇的时刻。

06　未来预言：当玩耍成为新生产资料

站在粤港澳大湾区人工智能产业大会的讲台上，我展示了最新的智能学习系统。学生戴上 VR 眼镜，瞬间被带入沉浸式课堂——他们可以站在虚拟的黄鹤楼上与李白对诗，也可以在数字敦煌洞窟解几何题。

这是我结合个人兴趣、能力与市场需求找到的新赛道。

未来，我想做既能够享受生活，又能够创造价值的人，你呢？

在人生的至暗时刻，我选择了读书、学习和向上社交，踏上跃迁之路。

跳出井底，探索世界：
活出多彩人生

卢蔚青

房地产规划与投资管理者
传承中医智慧的瑜伽教练
时间管理与形象提升导师

01 蜕变的召唤

你是否被困于眼前的小天地,渴望突破局限,探索更广阔的世界? 你是否被熟悉的环境遮蔽,难以窥见外界的精彩。然而,正是这种局限,让我们萌生改变的勇气。

如果迈出这一步,生活将会是怎样的?

在科技飞速发展的今天,AI 与互联网为我们带来了无限广阔的前景——兴趣可以变现,生活自由而精彩,这就是我所理解的边玩边赚。

今天,我想与你分享我的蜕变旅程。我从福建小城到美国求学、工作,实现财富自由,通过瑜伽、冥想获得身心平衡的故事。愿我的故事点燃你的希望。

02 梦想的种子:我的成长印记

我出生于福建一个充满温情与奋斗精神的侨乡,父亲早已旅居海外。5 岁时,因渴望上学,我提前报名上小学。学习让我感受到知识的魅力,也点燃了我对世界的好奇。

那时,父亲每次回国,都会给我买玩具、图书和龙眼,并故意藏起来让我寻找。这不仅是在玩游戏,更是进行探索的过程。每当找到那些礼物,我都会在心里对自己说:"长大后,我一定要赚钱,去更广阔的世界。"

对知识的渴望，让我在求学路上严格要求自己。每一次考试的成功，每一次老师的鼓励，都让我更加坚定努力学习的决心。

命运的转折往往悄然而至。高中即将毕业，我随母亲前往美国，与父亲和大哥团聚。15 岁的我，面对陌生的语言和文化，既兴奋又忐忑。初到费城，陌生的街道和空旷的华人社区虽然让我感到孤独，却也促使我迅速适应环境，学会独立，变得坚韧。

因小时候提早上学，我当时还未达大学的入学年龄，只能先进入公立高中。但公立高中松散的教学环境让我难以适应，于是我选择转入纪律严明的天主教高中。我克服了语言难题与各种学习上的困难，最终顺利考入纽约佩斯大学。大学毕业后，我在会计师事务所、律师事务所、电视台工作过，积累了丰富的工作经验，不断探索新的可能。

大儿子出生后，我与朋友合作创业。事业刚起步，我又怀上了二儿子。怀孕后期，因胎儿压迫神经，我几乎无法行走，连 10 分钟的路程都成了挑战。每天，丈夫开车送我到公司大楼的门口，再用轮椅推我上三楼。我清楚自己的目标——努力赚钱,为孩子创造更好的教育机会,让他们成才、成功。临产前几天,我仍坚持工作。

03 寻求身心的平衡

事业刚步入正轨,却突然被按下暂停键——母亲中风住院,我的世界瞬间崩塌。

那一年,我奔波于家、医院、公司之间。白天忙碌,傍晚赶往医院,深夜拖着疲惫的身体回家。我拼尽全力,却终究未能救回母亲,自己也因身体透支倒在急救室。

在生死的边缘,我想到我的两个孩子和我的丈夫,想到我们一家人的未来。站在病房的镜子前,我终于意识到,没有健康,一切皆是空中楼阁。从那一刻起,我决定不再只追逐事业和财富,我要重新规划人生,寻求身心的平衡。

出院后,我果断进入房地产投资领域。凭借多年在会计师事务所、律师事务所和房地产公司积累的经验,我系统化管理家庭资产,制定稳健的投资策略,最终实现了财富自由。

同时,我重新拾起曾经的爱好:瑜伽与中医养生。清晨,我在冥想和瑜伽的节奏中感受身体的律动;中医养生课堂上,我全身心地投入学习中,并乐于传授经验。瑜伽与中医养生让我重拾健康与宁静,也让我找回身心的平衡。

04 边玩边赚:新时代的无限可能

科技的飞速发展带来了全新的机遇。AI和互联网让赚钱变得更容易。只要敢于行动，每个人都能实现边玩边赚，创造理想的生活。

借助 AI 技术，内容创作、数据分析、自动化运营变得高效便捷，每个人都可以利用兴趣变现。无论是在线课程、短视频创作，还是直播分享，都是变现的方式。

越来越多的人过上了边玩边赚的生活。我的好友 Sally 从朝九晚五的上班族转型为全职美食视频创作者；我的偶像、瑜伽导师 Emily 借助在线平台授课，学员遍布全球；我的学长 Mark 运用编程和数据分析，实现房地产投资与远程工作的完美融合；我的时间管理导师叶武滨通过线上授课和高效运营，生活十分惬意。这些案例证明，只要善用工具，每个人都能过上边玩边赚的生活。

我也在不断探索如何将传统专业与科技结合。我借助社交平台，多渠道增加被动收入，不仅提供瑜伽、食疗养生、移民等咨询服务，还从事房地产投资。从线上瑜伽课程到运营社群，我的每一次尝试，都在为我的自由人生添砖加瓦；我的每一次成功，都让我对未来充满期待。

我坚信：只要敢于迈出第一步，每个人都能过上边玩边赚的生活。

05 如何实现边玩边赚？

我总结了下面几点。

时间管理：设定明确目标，高效利用时间。

掌握核心技能：想利用你的兴趣变现，你还需要掌握网络运营、内容创作、数据分析等核心技能。

打造个人品牌：在竞争激烈的互联网世界，打造独特的个人品牌是脱颖而出的关键。

选择合适的平台:选择合适的平台,应综合考虑目标受众、平台规则、收入潜力等因素。

持续学习:保持好奇心,不断学习新技能和新知识,才能在这个快速变化的世界中立于不败之地。

当然,你还会遇到收入波动、创作压力、工作与生活界限模糊等挑战,请记住,每个挑战的背后都蕴藏着机遇。

06 雨后见彩虹——迎向多彩的人生

回首走过的每一步,那些难忘的瞬间,共同绘成一幅生动的画卷。每一次遭遇挫折后的奋起,都如同暴雨过后的彩虹,让生命焕发出前所未有的光彩。

无论是勇敢探索世界,利用 AI 等高科技手段实现边玩边赚,还是在瑜伽课上与学员共享平和的时光,我都感受到一种如雨后见彩虹般的愉悦。

我坚信只要心怀梦想,勇敢追梦,生活必将回馈我们无限的可能。愿我的这个故事,能为每一个正在追梦路上的人带来启示和力量。欢迎你与我联系,让我们一起,以勇气和智慧为桨,乘风破浪,开启属于自己的多彩人生。

只要敢于行动，每个人都能实现边玩边赚，创造理想的生活。

第三章

财富解码——让赚钱成为生活方式

边玩边赚:

梦想从行动开始

王伊迪

金融风险咨询师
生活探索者
多元文化旅人

你想等有钱、有时间了再去旅行吗？曾经的我就是这样想的。但世界不会等你，机会不会等你，梦想更不会等你。如果一直等待"完美时机"，最后可能只会以遗憾收场。明白追求自由的生活要趁早后，我踏上了探索边玩边赚之路，试图掌控自己的人生。

01 成长阶段——旅行是遥不可及的梦想

对于小时候的我来说，旅行是遥不可及的梦。电视里的美景让我向往，但现实告诉我，我应该做什么。父母忙于工作和照顾年迈的姥姥姥爷，我能做的就是努力学习，成为亲人的骄傲。

16岁以前，我很少外出旅行。至今印象深刻的一次旅行是小学四年级时，学校组织学生去日本，进行钢琴交流演出。这是妈妈第一次陪我出国。我们一起游览了大阪和京都，感受到异国风情。街头的商品琳琅满目，店铺散发着独特的魅力。我第一次体验了3D虚拟游戏，还去了环球影城游玩，仿佛进入了一个全新的世界。离开日本时，我的心中满是不舍，想要更进一步地探索这个不同的国家。

短暂的一次旅行，却让我初识世界的广阔。离开日本时，心中有个声音说："未来属于你。"我知道，等到我独立，世界会为我敞开大门。

02 留学岁月——旅行仍被推迟

留学时，我看见更广阔的世界，却依然深陷于学业和求职的压力中。课堂上课、图书馆学习、实习申请占据了我全部时间，旅行依旧是遥不可及的奢望。我告诉自己："等毕业后，有了稳定的工作再说。"

刚进入国际高中时，我发现许多中国学生倾向待在自己的圈子里，而我不想待在舒适区。于是，我主动参加本地非营利组织做志愿者，努力用英语与当地居民交流，体验当地文化。我一次次鼓起勇气与陌生人交流，逐渐适应了新环境。

上了大学后，求职竞争更加激烈。我没有经验，找工作屡屡碰壁。为了找到专业对口的实习机会，我投出了上百份简历。终于，大二暑假，我获得了两个非常难得的机会：牛津大学的暑期交流和省政府财会部门实习岗位。

兴奋之余，我迎来了艰难的抉择。省政府只给了我三天时间做决定，我纠结了一整天，最终含泪放弃去英国，选择了实习。因为我深知，对一个国际学生来说，这次实习或许是迈入未来职场的关键一步。旅行的梦想再次被推迟，但我相信，这是为了将来能真正拥有选择的权利。

03 疫情来袭——新的可能性

疫情前，我的生活被朝九晚五的节奏牢牢束缚。即使能挤出一点自己支配的时间，每天仍有八个小时被困在办公室里，难以实现真正的自由。

2020 年的新冠肺炎疫情让我被迫体验了一种全新的工作方式:远程办公。随着时间的推移,我逐渐发现远程办公的好处。在家工作的日子里,我不用开车上班,不用坐在固定的工位上,反而拥有了更多自主支配的时间。我可以自由安排时间,既能投入地工作,又能享受美食,种花、种菜,甚至能随时弹琴、听音乐,这种自由的状态是此前未曾体验过的。我终于意识到,工作与生活的界限是可以设定的。

一个想法在我心中产生:如果远程办公可行,为什么不把世界当作办公室?为什么非要在同一个地方工作,而不能边玩边赚?即便无法长期旅居,短期探索也能成为我迈向自由的第一步。我推开了一扇全新的门,一扇通往自由、探索与无限可能的大门。边玩边赚不再是幻想,而是我即将启程的旅途。

04 重大抉择——从加拿大到硅谷

丈夫得到了去旧金山工作的机会,我的内心却因此十分纠结。多伦多是我们居住多年的地方,我们在这里有着太多美好的记忆。在多伦多,我有稳定的工作,也在职场积累了丰富的人脉,而去美国就意味着放弃这一切重新开始,这让我痛苦不已。

那段时间的无数个夜晚,我在床上辗转反侧,心中的焦虑和不安让我几乎无法入睡。每当闭上眼,脑海里就浮现出对未知的深深恐惧。"如果去美国,我会失去一切,我会失败,我会后悔。"这种恐惧如影随形,让我无法喘息。我曾反复问自己:"如果我放弃这份安稳的工作,真的能重新开始吗?我有没有能力去面对不确定的未来？"

最后，耳边传来另一个声音："你真的愿意被过去的选择束缚一生吗？真正的成长，在于跳出舒适区，迎接未知的挑战。"是的，未知才是成长的催化剂，是打开桎梏的钥匙。

我决定迈出这一步。这是一次充满了挑战和无限可能的冒险。人生的意义，不在于等待完美时机，而在于敢于行动，敢于拥抱未知。我们决定去美国，勇敢地走向未知。

05 硅谷岁月——真正的边玩边赚

搬到美国后，我以全新的工作方式从事咨询服务。远程工作的灵活性让我摆脱了办公室的束缚，我可以在家、咖啡馆，甚至在海边工作，我有了更多时间去探索世界。

我曾在小红书上看到一个与我同龄的博主的分享。她放弃了稳定的工作，在美国各地自由漂泊。她随意选择目的地，深入体验每个城市的文化与景点，她说，每一段旅程都让她的情绪得到释放。

其中一篇帖子让我心跳加速。照片中的她在布莱斯峡谷国家公园（Bryce Canyon National Park）的雪景中徒步，仿佛与雪景融为一体。那张照片一下子触动了我的心，仿佛我也置身于那片仙境之中。她的生活，令我憧憬。

有一个声音变得越来越清晰：如果她能做到，为什么我不能？我不再犹豫。与丈夫商量后，我们做出了决定：每个月都去一个新的地方旅行。于是，我们开始了两年的冒险，走遍了美国西部的 20 个国家公园，还游览了 10 个国家，每一站都充满了未知和惊喜。

大自然，是灵感的源泉，也是心灵的疗愈所。这些旅行不仅让我从工作中解脱，更成为我的动力源泉。在大自然的怀抱中，我的效率得到了意想不到的提升。

06 未来的愿景——人生百国，边玩边赚

我渴望了解全球的自然奇观与文化。从南极的冰雪世界，到秘鲁马丘比丘的印加文明遗址；从巴塔哥尼亚的荒野，到危地马拉的富埃戈火山的神秘气息，每一处都是我心中的圣地。旅行不仅是我的生活方式，它还是对自由的追求，对大自然的热爱，对人类历史与文化的深刻探索。

每一次旅行，都是与世界深刻对话的机会。在旅行中，我不仅渴望感受大自然的震撼，更渴望深入了解每一片土地的历史与文化。非洲大草原的动物迁徙是视觉的盛宴，也让我思考人类如何与动物共存；厄瓜多尔的加拉帕克斯群岛上的神奇物种，又是多么令人惊叹。

远程工作让我在大自然中找到身心的平衡，腾出更多时间去领略世界各地的历史与文化。旅行成了我汲取智慧与灵感的源泉。

行动，是梦想的起点。我勇敢地迈出了第一步，最终过上了边玩边赚的生活。你呢？准备好了吗？

人生的意义，不在于等待完美时机，而在于敢于行动，敢于拥抱未知。

边玩边赚：

自由人生的高效法则

荣 辉

高效人生导师

地产投资先锋

多元生活探索者

我是荣辉，一位旅居加拿大 20 多年的"60 后"企业家、投资人、时间管理导师，还是一名太极健身气功爱好者和全球旅行者。

你是否曾在忙碌中迷失自我，以为自由只是奢望？你是否相信，事业与生活可以兼顾？我始终坚信，财富、自由、事业和兴趣并非对立的关系，而是相辅相成的关系。许多人认为自由与财富如同天平的两端，难以共存，而我的人生经历证明：只要掌握正确的方法，**边玩边赚并非遥不可及的梦想，而是一种可以实现的生活方式。**

从职场人到成功运营连锁品牌，再到独创创意地产投资模式，我逐步实现自由与财富兼得的梦想。如今，我在游历世界的同时，远程管理着半自动化运营的企业和多个地产投资项目。

凭借在企业管理、投资创新和社会责任方面的贡献，我荣获了加拿大女王勋章。这不仅是对我个人成就的肯定，更是对我的高效能企业运营和可持续发展理念的认可。这一荣誉激励我继续推动商业创新，助力更多企业家实现成长。

此外，我还是一名健身气功爱好者，并在国际健身气功赛事中屡获殊荣。健康是支撑高效人生的重要基石。正是凭借着健康的体魄和高效的时间管理，我可以在全球旅行、商业投资、教育推广与身心健康之间，找到平衡。

每年我都会花几个月的时间前往世界各地旅行，探索不同的文化、拓展人脉。**这种边玩边赚的生活方式让我既能尽情享受自由，又能持续创造价值。**

01 从工作狂到找到自由

在成为时间的掌控者之前，我曾是一名彻头彻尾的工作狂。那时我经营着三家宠物连锁商店，售卖的产品高达 7000 多种，我的优秀经营管理能力备受顾客青睐。在公司的门店（全球超过一千家）中，我经营的门店曾登上销售增长的榜单（前五名），在公司内部创造了极具影响力的商业佳绩。

然而，这一切辉煌成就背后，是无数个小时的艰辛工作。我每天工作超过 11 个小时，全年无休，任由工作吞噬我的时间与精力。长期的高强度工作让我身心俱疲，健康状况急剧下滑，而本应珍视的家人也被我抛诸脑后。尽管事业蒸蒸日上，我却深知，自己正逐渐成为时间的奴隶，远离了真正的自由。

是易效能时间管理课程彻底改变了我的人生轨迹。它不仅仅是一门课程，还是我重塑人生的起点。它让我从"被时间推着走"的低效能模式中解脱，带来了全新的思维变革。我开始系统地学习并实践一系列高效的时间管理方法。

我不仅熟练掌握了时间管理的方法，还将各种高效工具运用到了极致。从日程规划、任务分配，到自动化信息处理，我都能迅速做出最优决策，使时间发挥最大的杠杆效应。我不仅能灵活运用十几个时间管理工具和软件，还能紧跟时代步伐，随时学习新知识，掌握新技能。这些工具和软件是我最好的秘书和助手，帮我自动化处理烦琐事务，节省宝贵的时间。在信息爆炸的时代，唯有不断学习和更新工具库，才能保持竞争力。

我减少了无谓的时间消耗，大幅提升了个人能力和生活质量，从忙碌中解脱出来，拥有了更多的时间。

02 边玩边赚——我的创新地产投资模式

自由，离不开财富。在优化企业管理的同时，我开始探索创意地产投资，最终独创了创意地产投资模式，这一创新方式使我和许多朋友的资产实现了最大化增长。

我的核心投资理念是：多策略投资，灵活利用杠杆和政府政策，选择潜力大的市场，远程管理。

我能够同时运作多个投资项目，并吸引了许多志同道合的朋友加入，我们大家一起边玩边赚，共同创造财富。

03 我的探索世界之旅

旅行不仅是休闲，更是深入了解人文历史的机会。每到一个国家，我都会关注当地的文化、历史及其社会经济演变过程，从对比和观察中获得启示。

在旅途中，我深入体验多元文化。我曾在京都的禅寺冥想，体悟日本文化中的朴素自然之美;也曾在巴黎的艺术馆流连,感受西方艺术。文化的碰撞让我对人生有了更深的理解。

每个国家都有其独特的历史。世界各国的兴衰变迁引发了我深刻的思考。在欧洲,我了解了英国、法国、西班牙等国从殖民帝国到现代经济体的变迁历史。而在中东,我被迪拜的崛起深深震撼。迪拜成为全球极具活力的现代都市之一绝非偶然,这一切源于政府前瞻性的战略规划,他们充分利用地理优势,将迪拜建成为全球的金融、旅游和商业枢纽。更重要的是,迪拜通过基础设施、自由贸易区建设和创新产业推动,实现了经济多元化。

迪拜的成功给我以下启示:

突破传统思维,在资源有限的情况下,应最大化地利用已有条件,创新增长模式;

全球化视角,迪拜的成功很大程度上依赖于全球资本、人才和游客,这种全球化思维值得借鉴。

我深刻体会到,对自身潜力的深刻理解,以及在全球化环境中灵活调整、不断创新的能力是一个人成功的基础。

04 时间管理的智慧

掌握时间管理方法不仅让我改变了人生轨迹,更让我有能力去影响和帮助更多的人。

我在加拿大维多利亚大学教育学院开设高效能时间管理课程,帮助个人和企业优化信息管理、提升效率、减少无效消耗。

我多次受邀为加拿大各地的企业家俱乐部及各行业精英讲授如何在高强度的工作中找到时间与效能的平衡点。

作为易效能时间管理课程的教练、全球合伙人，我影响了身边近千人，帮助他们掌握时间管理的方法，从忙碌中解脱出来。

我坚信，时间管理让我们能够用更少的时间，创造更大的价值，让工作更高效，让生活更轻松。

05 边玩边赚，活出真正自由的人生

边玩边赚，不是梦想，而是一种可以实践的人生模式。

找到更高效的方法，你也能在事业、财富、生活之间找到完美的平衡，活出真正自由的人生。

如果我的故事对你有启发，希望你能把这本书分享给更多的人，我们一起探索更自由、更精彩的未来。

我深刻体会到，对自身潜力的深刻理解，以及在全球化环境中灵活调整、不断创新的能力是一个人成功的基础。

边玩边赚：

用兴趣驱动人生，

找到属于你的赛道

书 辰

旅日"70后"
英语学习规划师
演讲与写作赋能专家
精通中、英、日、韩四国语言

人生的道路不止一条，你应找到属于你的赛道！

01 边学边转：敢于改变，人生才有新可能

不换赛道，你永远不知道自己能跑多快。

高考时，我的第一志愿是大连外国语学院英语专业，却因几分之差未被录取，被调剂到另一所大学的会计专业。面对陌生的专业，我试图说服自己接受现实，告诉自己：这或许是一种机遇。但一年后，当我每天面对密密麻麻的财务报表，脑子里全是资产负债、利润盈亏等概念，我越来越清楚地意识到这不是我想要的生活。难道我的未来就要被这些冰冷的数字困住吗？

我努力去适应，但每次翻开课本，脑海里都会浮现出另一个念头：如果我选对了方向，我的努力是不是可以带来更大的成长？20岁，我大胆决定——放弃会计专业，赴日留学。然而，换一条赛道并不意味着一帆风顺。刚到日本，我不会日语，找兼职四处碰壁，甚至遭到歧视。

"你说话都说不清楚，洗碗就好。"店长冷冷地说着，把我推进厨房。热水泡得我双手发白，我听着前厅的欢声笑语，眼泪差点掉进洗碗池。"这是我想要的生活吗？"但第二天，我还是选择走进餐厅——不是为了洗碗，而是为了改变自己的未来。我主动找日本同事交流，每天进店前都对自己说："加油！"渐渐地，我不再害怕开口，终于能自如交谈。世界不会主动向你靠近，但你迈出一步，它就会向你敞开大门。

留学生考试前的最后一个月，我几乎把所有时间都用在复习上。最终，在一万多名考生中，我考入前100名，拿到日本文部科学

省奖学金，成功进入日本的国立大学。

但这并非终点。我仍需边学习边赚钱，用奖学金和兼职收入支撑学业，还寄钱回家，帮父母减轻负担。人生的赛道不止一条，只要你愿意奔跑，每一条路都能通向美好的未来。站在大学的校园里，我明白，我来到这里上学靠的不只是勤奋，还有敢于转换跑道，在每一次困境中寻求突破。这项能力，将成为我一生的财富。

02 边学边专：兴趣深耕，才是最强竞争力

找到兴趣不难，难的是让它成为真正的竞争力。在感兴趣的领域深耕之后，兴趣就是你的竞争力！

毕业后，我进入职场，结婚生子，一度将生活重心放在家庭上。孩子上学后，我辅导孩子英语，后来逐渐帮邻居的孩子辅导英语。没想到，这竟成了我人生的又一次转弯。最初，我只是帮邻居的孩子辅导英语，一节课收1000 日元（约 50 元人民币）。两个月后，我的学生增加到 20个，每月收入突破 10 万日元。后来，我开设正式课程，并将学

费调整到每节课 5000 日元。1 年后，我的授课收入超过了打工的收入，我终于意识到——兴趣不仅能成为事业，还能创造更大的价值。

我也曾向英语机构递过简历，就在我即将入职英语培训机构

时，机构关闭了。转机总会在意想不到的地方。我决定自己开课，帮助因新冠肺炎疫情无法补习的孩子继续学习英语。起初，我也忐忑，害怕自己不够专业。直到有一位家长对我说："老师，我家孩子特别喜欢上您的课！她原本害怕考试，现在竟然主动挑战更高难度的试题了。"那一刻，我的生命仿佛被点燃了。

德国哲学家雅斯贝尔斯说："教育的本质是一棵树摇动另一棵树，一朵云推动另一朵云，一个灵魂唤醒另一个灵魂。"真正的教育，不仅仅是知识的传递，更是让孩子拥有自信，找到自己的方向。学习的兴趣和信心，才是学习最大的动力。这一路，我没有刻意去追求什么，却因为热爱，一步步来到了新的赛道。兴趣不只是消遣，它能成为你的特长，甚至为你创造财富。

03 边玩边学：学得轻松，赢得漂亮

学习，要找到适合自己的方式。

在日本，华人孩子面对的最大难题是什么？是语言障碍。他们不仅要学会日语，还要用日语学习数学、理科、社会、国语四科，比日本孩子更加辛苦。但这并不意味着，他们没有别的出路。在我的学员中，有一个女孩，四年级时因补习四科学习压力太大，最终放弃了考私立中学的念头。家长也不再奢望她能考上私立中学，打算让她去读公立中学。但她一直没有放弃学英语。三年来，她没有去别的补习班，坚持每周上一节我的英语课。她不像其他孩子那样拼命刷题，甚至可以说是"玩多于学"。我一直鼓励她，告诉她："你的英语学得很好，你真的很有语言天赋。"

距离私立中学升学考试不到两个月，她突然对她妈妈说："我要尝试用英语挑战私立中学。"家长找到我，带着疑问，也带着一丝希望问我："她真的能做到吗？"我点点头。这个女孩敢于尝试，已经赢了一半。于是，我们一起制定了"英语冲刺计划"：

笔试训练，找到针对性的突破点；

口语训练，让她在面试时更自信地表达；

听力训练，确保她能快速理解题目。

两个月后，她考上了。

"老师，我做到了！"电话的那头，她的声音比以往任何时候都坚定。那一刻我意识到：自信，是一个孩子面对挑战时最大的底气。信任让她敢闯，方法助她成功，自信加上方法，让她梦想成真！

04 边学边赚：用一门语言，打开全球视野

今年，我带着孩子们去马来西亚短期游学。他们见到了来自世界各地的老师，听到了不同的英语口音，体验了多元文化。在课堂上，他们不仅学习了英语，还在实际交流中感受到语言的真正意义。这次经历，不仅让孩子们在实战中使用了英语，也让他们更明确了"为什么要学英语"。他们发现，学英语不是为了应付考试，而是为了与世界建立更深层次的连接。

这次旅行对我自己也是一次启发。我与许多经验丰富的老师交流，发现他们曾在多个国家工作，积累了丰富的教育经验与生活体验。这让我更加坚定，世界的任何一个地方都可能是我未来的舞台。我想带孩子们一起去探索世界。

我把我的想法告诉了马来西亚学习机构的老师，说我希望介绍更多在日本的华人孩子来学习，让孩子们来看一看。校方不仅十分

欢迎，还主动邀请我成为他们的招生代理。我没想到，一次简单的学习之旅，竟然为我打开了另一个收入窗口。

人生的惊喜，往往藏在你探索未知的路上。

05 边玩边赚：用兴趣驱动人生

曾经的我，体弱多病，连300米都跑不完。为了改变，我尝试了乒乓球、网球，但始终找不到激情。是跑步让我感受到前所未有的激情，给了我自由与坚持下去的动力。如今，我已能坚持跑完10公里。

对英语的热爱开启了我的成长之路，演讲与写作让我找到更多可能。从不敢在会议上发言，到站上演讲舞台，再到带出全国演讲比赛冠军，我用热爱重塑我的人生。

我还学习AI写作，帮助自己与学员用文字对话。最终，我成为《我是写作者》的联合作者。

如果你也想边玩边赚，用兴趣驱动人生，不妨从以下三步开始。

找到你的兴趣，让它成为你的核心能力；

尝试将兴趣变现；

不断提升，让你的能力更有价值。

雷军曾说："如果你想干一件事，就先去干，哪怕做得很烂，哪怕一点都不完美，一个粗糙的开始就是最好的开始。"

所以，别等完美的时机，先迈出第一步，未来就在前方！

人生的惊喜，往往藏在
你探索未知的路上。

我不是天生勇敢，
但我一直在练习发光

娜荷雅

寻找艺术与技术平衡的设计师
探索虚拟世界的AI爱好者
边玩边赚的体验者

01　开场：草原的风里种下的梦

我叫娜荷雅，出生在内蒙古呼伦贝尔。那是一片辽阔、寂静却又热烈的草原，天地一色，风吹草低见牛羊。

我的童年记忆里，城市与自然相互交织，车水马龙与满天繁星交相呼应。每年假期，我都会跟随家人回到草原深处。那里没有高楼大厦，只有蓝天、白云、绿草、牛羊，还有我最爱的蒙古包和咸奶茶。**这种"双重生活"像是并行不悖的两条河：一条流向未来，一条奔向传统。**

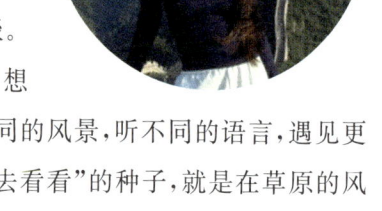

我是蒙古族女孩，从小学习汉语，回到家则沉浸于与父母用蒙语交谈。

小时候，我经常仰望星空，幻想有一天可以走得更远——去看不同的风景，听不同的语言，遇见更多的人。这颗"世界那么大，我想去看看"的种子，就是在草原的风里悄悄种下的。

02　种子——在爱与离别中早熟

我九岁那年，父母选择分开。

我记得那是一个午后，阳光透过窗帘，在地板上留下一块块斑驳的光影。爸妈坐在我面前，温和却坚定地告诉我："我们决定分开，但无论怎样，我们都爱你。"

他们征求我的意见。那时，我虽年幼，却已经有了自己的判断：

"如果相守时，痛苦已大于幸福，那分开也未尝不可。"

眼泪总是会藏在笑脸的背后，在无人的时候，偷偷地流。我似乎突然明白了很多事。我知道，幸福不是理所当然的，人生也不会永远圆满。

从那以后，我开始习惯独自面对困难，也更早地学会承担。不是没有迷茫与难过，而是明白了一个道理：**我必须成为一个可以托住自己的大人。**

03 扎根——在舞台和责任中找到力量

大学时，我学习设计专业。对于一个设计感知力强，却选择了技术路线的人来说，这既是挑战，也是突破。

大学期间，我不仅努力学习，还积极参加学生会活动，从一名普通干事一路做到学生会主席。那段时间的我，是最忙碌的，也可能是最快乐的。

我记得最清楚的一次经历，是我在学院的大合唱比赛中既担任总指挥，又是整个活动的组织者。从前期策划、排练、音响舞美，到后台协调和现场指挥，我像主持了一个小型创业项目。

那天，站在舞台上，几十位老师与同学站在我对面，音乐响起，我扬起手，眼泪差点掉下来。因为我知道，这不仅仅是一场合唱，更是对我能力的考验。

我不是天生的领导者，但当我开始为他人发光，世界也开始为我鼓掌。

04 发芽——两次落榜之后，我才真正长大

我有一个很清晰的梦想：考研，出国，去看看外面的世界，去一个更广阔的舞台，重新定义我的未来。

第一次考研时，我落榜了。虽然遗憾，但当时我还能安慰自己："没关系，反正也不是非去不可。"

真正的打击，是第二次。在北京工作了一段时间后，我逐渐摸清了自己的方向。我决定报名参加一个国内外联合培养的硕士项目：第一年在清华，第二年在华盛顿。项目要求极高，必须同时通过国内外两所学校的严格选拔和审核，笔试、面试、语言考试、背景评估……每一步都像在爬一座看不到顶的山。

因为有了目标，所以不再犹豫，我沉浸在学习里，那种心流感使我幸福，即便早起晚睡，我也乐此不疲，我只有一个信念：我要上清华，我要出国。

终于，我"成功"了——全国第二名。那一刻我激动得发抖，我甚至已经想象好了接下来的画面：在清华的校园里奔跑，在华盛顿的街头拍照，在全球课堂中体验多元文化。

然而命运再次和我开了个玩笑。由于一些无法解决的材料问题，我失去了入学资格。

我一个人躺在床上，人在遭受重大失败时，是没有眼泪的，只有麻木。我的梦，明明已经触手可及，却被命运硬生生地推开。

我沉默了很久。很长一段时间，我不敢查看邮箱，不敢看朋友圈，不敢再想起"清华"这两个字。

那种"努力没能成功"的失落感，几乎吞噬了我所有的自信。我

开始怀疑自己："我是不是不够好？我是不是注定得不到我想要的东西？"

在那一段极度黑暗的时间里，我逼着自己重新梳理：出国到底对我意味着什么？梦想背后，我真正想要的，是不是更大的世界、更自由的身份、更丰富的资源？

答案是肯定的。于是我慢慢擦干眼泪，重新站起来。

是的，我的计划失败了，但我的渴望还在，我的热爱还在，我探索世界的决心还在。

我开始寻找新的路径，我问自己："还有什么路可以通往我想要去的远方？"

我不知道自己未来是否还会穿过清华、穿过美国，但我知道，我已经走在去往世界的路上。

梦想，不是一次通关游戏，而是一个不断试错、重启，再出发的过程。

05 开花——AI 与梦想和设计的奇妙交汇

我虽然从事设计工作，但我始终不愿意把自己困在"画图工匠"的框架里。我相信，设计不只是技艺，更是连接人、连接未来的语言。

AI 刚刚在国内热起来时，很多人还对它一知半解，我已经把 AI 工具融入自己的设计实践中。

我尝试使用 AI 进行创意文字生成，辅助策划文案，进行概念图创作，捕捉灵感；还搭配一些图像分析算法、色彩逻辑，尝试让 AI 成为我的"智能搭档"。

当时身边很多人不理解，觉得这些"新玩意"不靠谱。但我越用越兴奋，因为我真切地感受到一个属于"懂 AI 的创作者"的时代，真的来了。

别人还在观望时，我已经在用 AI 做设计；未来不会等人，但一定欢迎那些提前准备好的人。

我抢先一步坐上 AI 的顺风车。现在回想起来，那是我和未来第一次深情地握手。

AI 不是冰冷的代码，而是帮助我释放创意、提升效率、连接世界的"共创搭档"。于是，在选择进修读研时，我选择了聚焦人工智能与设计的方向。我渴望打造一种新型身份：既懂审美，也懂 AI；既有创意，也能执行。

当我看到《边玩边赚》招募 AI 封面设计师时，我内心那股"未来的风"再次吹起。缘分也让我与邹娜学姐相识，她说："太巧了！我们正好找你。"

我笑了。其实哪里是巧，是我的每一次准备都没有白费。

就这样，我从一个设计师，成了《边玩边赚》的联合作者。不仅参与封面设计，还加入了社群运营团队，协助活动执行、平台协调、文案打磨，像大学时那样，玩着玩着就变成了核心成员。在这个过程中，我再次体会到"玩"的真正含义。

更妙的是，这里有很多人像我一样，正在用 AI 书写属于他们的自由人生。

06 结语——在技术与梦想之间，继续发光

我依然在路上，清华梦和出国梦暂时搁浅，但我的人生已经悄然改变。

我每天都在用 AI 写作、设计、排版、做项目，用技术服务他人，用执行力实现创意。很多人说我"很前沿"，但我知道，这一切，都是一步步练出来的。

07 给读者的一封邀请函

我是娜荷雅，来自草原，走向城市，踏入技术浪潮，也跨进了边玩边赚的门槛。

我想告诉你：边玩边赚，不仅是一种生活方式，也是一种你可以自己创造的生命状态。

如果你也想和我们一样边玩边赚，就来吧。

让技术与梦想在你我手中开花。

边玩边赚，不仅是一种生活方式，也是一种你可以自己创造的生命状态。

用旅行改变人生，
让世界成为你的舞台

跨文化焱姐

四大会计师事务所注册会计师
有20年海外经历的跨文化沟通教练
北京大学法学学士和欧美商学双硕士

亲爱的朋友，你好！很高兴我们有缘通过这本书相识。如果你曾想过通过旅行收获见识、成长和影响力，那么这篇文章就是为你而写的。很多人觉得旅行是一种奢侈品，只能利用闲暇时间去旅行。如果你也这么认为，那么这篇文章将为你带来全新的视角。我将带你探寻旅行的复利价值，并分享如何通过旅行探索人生的无限可能、打造个人品牌、影响更多的人！

01 旅行即教育——在世界的课堂里成长

从女儿一岁多起，我每年都会带着她和其他家人出门旅行，足迹遍布加拿大、美国、墨西哥及加勒比海岛国，深入探索多元文化与城市风貌。我们曾在比弗利山庄的儿童图书馆读书，漫步于好莱坞星光大道，感受电影之都的魅力；也几乎走遍了常春藤名校以及美国东西海岸和得克萨斯州的顶尖学府。我们在达拉斯文化街区欣赏贝聿铭设计的音乐厅，在休斯敦宇航中心体验太空探索的壮阔，在纽约大都会博物馆中感受艺术与历史的交融。旅行不仅开阔了她的视野，更提升了她的适应能力、沟通能力和学习能力，这是一笔无可替代的教育投资。

探索成就无限未来

读万卷书，行万里路。旅行是一种鲜活而生动的沉浸式学习方式：在探索中汲取新知，在体验中开拓视野。在旅行中，视频和书本中的山川湖海变成了眼前的真实景观，孩子能够更真切地去感受世界、丰富内心和扩展认知。此外，孩子通过体验不同文化能够增强跨文化沟通的能力，拥抱差异、学会适应变化，培养开放包容的心态和多元思维，拓宽人生的广度和深度。这样的孩子在不同的环境下也能充分发挥创造力，并在世界舞台上焕发出独特光彩。

自然点亮成长之光

让孩子在旅行中亲近大自然，有利于他们的身心发展。接触自然可以减少焦虑和缓解学习压力，提高孩子的情绪稳定性，增强孩子的专注力和创造力。徒步、攀爬等活动有助于锻炼肌肉和骨骼、强健体魄，新鲜空气和明媚的阳光还可以增强免疫力。探索森林、海洋或山脉能够激发孩子的好奇心，提升孩子的观察力，还能让他们理解保护生态系统和环境的重要性，培养他们尊重自然、珍惜资源的意识。与大自然相伴的美好回忆也将滋养孩子的一生。

这些年我带着孩子领略了壮丽的尼亚加拉大瀑布、梦幻的班夫夫家公园、西卡莱特公园（Xcaret Park）的生态奇观，以及加勒比海的碧蓝水域，还走遍了加拿大与美国东西海岸的各大城市，带孩子感受不同地貌的独特魅力。为了欣赏瑰丽的海景和日出日落，我们专程前往坎昆、迈阿密和夏威夷观光。我丈夫爱好钓鱼，为了船钓特意考取了船舶驾驶证，周末经常带着孩子短途旅行、泛舟湖上，融入自然的怀抱。孩子在大自然中嬉戏玩耍，快乐地沐浴着阳光，充满活力。大自然更是创作灵感的无尽源泉，喜欢画画的女儿在各地看海后，创作出一组充满灵气的日出作品，并从此爱上了用手机镜头捕捉大自然的光影变幻。

共同编织亲情纽带

旅行让我们暂时摆脱日常琐事的束缚，全身心地陪伴彼此。在旅途中我们相互照顾、共同面对挑战，家庭成员之间的理解与信任不断加深，家庭关系在陪伴中悄然升华。在我们租车自驾游览加利福尼亚州阳光海岸时，为了确保驾驶安全，也为了让我完整欣赏沿途壮丽的太平洋海景、陪伴女儿放松心情，我丈夫坚持独自驾驶，全程开完加州一号公路。（加州一号公路被誉为世界上最美的自驾路线之一，沿途风景优美，却也充满挑战——部分路段一侧是陡峭山体，另一侧是悬崖和太平洋深谷，车道狭窄，急转弯密集，驾驶难度极高。）在温哥华的海天公路上，出于同样的原因，我丈夫再次独自承担了全程驾驶的任务。他的细心与坚持让我深受感动，而孩子也在旅途中逐渐学会了关爱家人。

旅行还是家庭成员共同创造美好回忆的契机。在奥兰多迪士尼乐园，我们全家站在童话城堡前看着绚丽的焰火点亮整个夜空，仿佛瞬间被带入了如梦似幻的童话世界；在夏威夷的沙滩，我们一同挖沙、拾贝壳，让海浪与笑声交织成美好瞬间；在皇家加勒比游轮上，我们并肩欣赏日出日落，看海鸥翔翔、鲸鱼腾跃，让心灵与自然相通。旅途中，我们为彼此拍照，定格精彩瞬间。这些回忆如同散落在时光中的珍珠，串联起我们的幸福点滴。旅行不仅成为家庭记忆中的珍贵片段，也让孩子在旅途中感受到了陪伴的温暖和爱的传递。

同步锤炼技能、品格

旅行是孩子习得技能的开放课堂。在旅途中，孩子可以通过学习阅读地图、规划线路、管理预算、跨文化沟通，收获宝贵经验；还可以创建旅行认知账本，记录旅行中的体验、挑战和收获，在旅行中加速成长，培养自理能力和独立性。旅行不仅可以增长孩子的见识，还可以塑造孩子的品格。长时间徒步行走能增强孩子的耐力并培养其坚韧的品质。在旅行中，父母能通过言传身教将价值观传递给孩子，让他们在潜移默化中学习——对陌生人有礼貌，排队时遵守秩序，在博物馆保持安静，主动帮助他人，尊重当地习俗，在点滴中塑造品格与修养。

在一次加勒比海游轮之旅中，我们在巴哈马码头看到一个比我女儿年纪还小的男孩熟练地将一瓶瓶矿泉水递给卖水的父亲。这一幕让女儿深受触动——她意识到小孩子同样可以为家庭贡献自己的力量，责任感与奉献精神的种子悄然在她心中生根发芽。

02 边玩边赚——创造丰盈的自由人生

旅行，能否改变人生？我的故事或许能给你一个答案。

我的父母也喜爱旅行，我在中小学时跟着他们游览了国内的不少城市。大学毕业后，我因公出差去过一些城市，加起来算是走遍了半个中国。在国内的旅行给我留下了很多美好回忆，也激发了我内心的冒险精神与探索渴望。最令我难忘的是中学时随父母攀登黄山，站在宽不足一米、两侧是千仞悬崖的鲫鱼背上，脚下是万丈深渊，眼前是云海翻涌、万峰竞秀。成功登顶的兴奋与大自然的壮阔美景交织在一起，至今仍深深印在我的记忆中。旅行培养了我不惧未知的勇气，磨炼了我坚持不懈的韧性，也影响了我人生道路上的两次重要选择。"9·11事件"导致我赴美国留学申请被拒，我调整留学计划，以几乎零基础的法语水平独自一人赴法国求学。其后，在尚未找到工作的情况下，我跟随渴望看世界的丈夫移居加拿大，白手起家，直面挑战开启全新生活。

在加拿大的初期，尽管收入有限，但我们依然坚持每年进行短途旅行，不断拓宽视野，体验不同地方的风土人情。（我的丈夫也是旅游爱好者，年轻时因公出差几乎跑遍了全国。）进入快节奏的四大会计师事务所后，旅行成为我在繁忙工作之余放松身心、平衡生活、提升效率的良方，也为我在微信朋友圈分享带来源源不断的灵感。朋友们在微信上的积极反馈让我倍感鼓舞，我于2025年春天在自媒体平台开设账号分享旅行与生活经历，开辟了新的收入渠道，还结识了世界各地的朋友。

我所在的会计师事务所多次荣获北美与亚洲地区"最佳雇主"称号。为帮助员工更好地平衡工作与生活，事务所特别为大家留出"玩"的时间——每年安排两次长达九天（含周末）的冬夏长假以鼓励员工外出休闲旅行，并为员工争取到运通信用卡及航司、酒店、租车公司的各种优惠，同时提供一定额度的机票和住宿费用报销。2020年以来，事务所每年都会免费推出多个与健康生活相关的线上讲座，并组织每日线上冥想。近几年来，事务所推行混合办公模式，员工能够在大部分工作日远程办公，从而节省通勤时间，更好地照顾自己和家人。这些举措让员工能以轻松愉快的心态投入工作，既提升了工作效率，又增强了对事务所的归属感。这一切引发了我对生活的深入思考：我们能否避免"忙碌＋疲惫＋焦虑"的生活，选择边玩边赚，找到另一种可能？我逐渐领悟到，边玩边赚不仅是一种生活方式，更是一种探索世界的姿态——以开放的心态迎接未知，用创造力为人生注入活力。我把"边玩边赚、边行边创"内化为自己的生活哲学，从旅游爱好者转变为旅行生活家，在自媒体上通过持续分享，创造价值、连接世界。在 AI 技术高速发展的今天，越来越多人通过发掘兴趣与爱好，探索出适合自己的路径，借助 AI 工具成为超级个体，实现丰盈自由的人生。

03 迈出第一步——让故事成为你的资产

　　旅游业前景广阔，是推动全球经济增长的重要引擎。随着中国过境免签政策落地，越来越多外国游客走进中国。2025 年初，小红书上线文字与图片翻译功能，吸引了世界各地的用户入驻。如今，我们可以通过各种社交分享平台与世界各地的朋友分享美景、美食和文化故事，同时借助广告、品牌/旅游公司合作、周边产品、付费内容与课程等拓展多元化收入渠道。那些在旅途中邂逅的风景与故事，最终可以化作自媒体内容的灵感，成为连接世界的数字明信片。坐在巴黎香榭丽舍大街边的咖啡馆里，阳光透过树影洒落，身旁是陌生却又友善的面孔，你的自媒体收益正悄然增长——这不是梦，而是可以选择的生活方式。从旅行中发现商机，每一次旅行都可能成为事业的新起点！那么，如何开启边玩边赚之旅？

　　第一步，设定年度旅行目标，充分利用假期与周末，让旅行融入日常生活。在各平台上持续真诚地分享，设立阶段目标，及时复盘调整。

第二步，选择合适的变现方式。热爱写作，就从博客或者公众号开始；喜欢摄像，可以制作视频；擅长摄影，可以出售旅行照片；善于策划，可以组织旅行团或提供旅行线路定制服务。

第三步，根据平台特性精准投放内容。小红书适合发布行程、美食和景点推荐信息，抖音更适合发布短视频，而公众号则适合发布深度旅行叙事文章。

最重要的是立即行动起来，不必等待"完美时机"。不用等设备齐全再开始创作，可以先用手机拍摄；不用等订阅量上千再考虑变现，可以先小范围地尝试销售产品或服务。

从年轻时没有存款，到如今通过地产投资已实现财富自由，我对旅行的热爱依旧如初。在青年旅舍与世界各地旅人交流，在五星级酒店体验个性化服务、学习五星级酒店的管理，无论落脚何处，旅行的本质始终是带着一颗不设限的心探索世界。我将旅行编织进日常的生活，让世界成为无限延展的舞台。你，是否也听见了远方的召唤？希望看到你的故事！欢迎与我联系，让我们一起边玩边赚，边行走，边创造，在路上撷取光影，把山海写进故事，用热爱点亮生活！

让我们一起边玩边赚，边行走，边创造，在路上撷取光影，把山海写进故事，用热爱点亮生活！

自由与镜头，
一场双向救赎

阿 狼

摄影师
迪拜时装周特邀摄影师
迪拜山西商会副会长

被打上了引号的自由人生，说明还不是真正的自由。不过从北方的窑洞走到迪拜，在追寻自由的过程中，我对自由的理解也在不断深入。什么是自由？自由，难道仅仅是物质的富足、身份的尊贵，或是能够不受限制地去任何地方吗？**或许，自由不是一个终点，而是一种内在的选择与坚持。**它可能是困境中仍然坚守自我的勇气，是不在繁华中迷失自己的清醒，是面对生活的束缚仍能心向梦想的执着。

01 自由的选择权

我出生在一个普通的家庭。跟大部分的留守儿童一样，我是被爷爷奶奶带大的。好像被爷爷奶奶带大的孩子都有一个共性：调皮，但是善良。小时候，我总想快点长大，把世间所有的美好事物都送给他们。

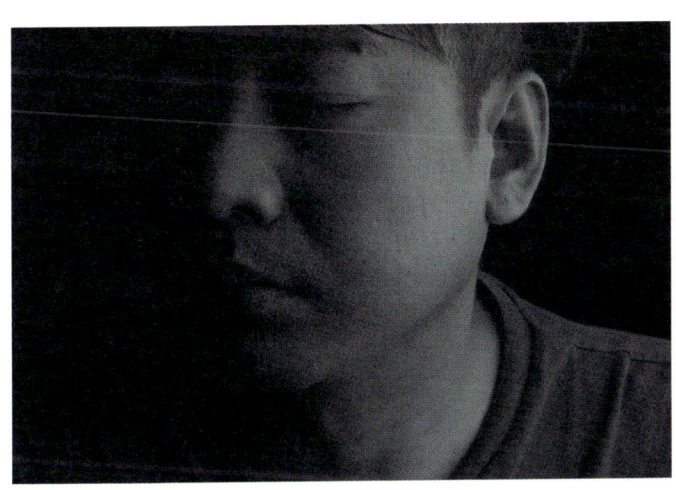

他们什么都没有，能给予我的就是他们全部的爱。他们没有给我足够优越的生活环境，教我更好的学习方法，但他们从来不干预我的选择。我从小野惯了，受不了教室的约束，带着青春期的叛逆和好奇，早早离开了学校！

我不想做出选择，直到遇到改变我一生的人和摄影，我才明白：

自由不是不做选择，而是找到让你愿意投入一生的热爱。

02 摄影领域的看山是山、看山不是山、看山还是山

学了点摄影理论之后，我凭着一腔热血开始以摄影为职业。一开始我以为无所不能，积累了一些拍摄经验，接触到行业的一些大师后，才发现自己的浅薄。光只是照亮的工具，构图只是把人框进去，焦距运用得一塌糊涂，这就是我那时的拍摄水平。我只是懂了一堆技巧，拍的照片根本没有美，更别说价值。跟很多同行的成长经历一样，我发现问题了，于是通过网络认真学习了很多知识。最重要的是，我学会了敬畏，敬畏每一个行业的专业性。在这个开放的摄影领域里面，技术决定的只是我的下限。

于是我开始看一些时尚杂志，以及国内外一线摄影师的作品，直到我看到了安塞尔·亚当斯说过的一句话："我带到摄影中去的是所有我读过的书、看过的电影、听过的音乐、爱过的人……"我才知道，原来决定我上限的不是经验和审美，而是综合能力，包括对人的认知、对物的认知，甚至扩大到对世界的认知！同时，我对国内商业摄影标准化的交付产生了质疑，我不喜欢这样的工作环境，好像不再有当初学习摄影的激情，也丢失了初心。

中国人像摄影经过二十多年的沉淀与发展，大家好像都对传统

影楼拍摄失去了兴趣，于是2014年国内开始兴起旅拍。可能是因为我站在了风口上，2016年，命运的季风将我刮到了迪拜这座"未来之城"。迪拜的包容与多元让我重新定义了人像摄影，我放下了对技术的执念，贪婪地吸取文学、音乐、哲学的养分。但最终影响我的摄影风格、使我坚持影像价值的是一位丈夫给摄影师的一封信，以下是这封信里的一部分内容。

我从18岁起就和我妻子在一起了，我们还有两个可爱的孩子。这些年来，我们经历了许多起起落落。我想……其实我知道我妻子拍这些照片是为了给我们的生活"增添情趣"。她有时会抱怨说我肯定觉得她不吸引人了，如果我哪天喜欢上更年轻的人，她也不会怪我。

当我打开她送给我的相册时，我的心沉了下去。这些照片……虽然很美，也能看出你是一位非常有才华的摄影师……但它们不是我的妻子。你把她所有的"瑕疵"都修掉了……虽然我确定这正是她要求你做的，但这也抹去了构成我们生活的一切。当你修掉她的妊娠纹时，你也修掉了我孩子的成长记录。当你修掉她的皱纹时，你修掉了我们二十多年来的欢笑和忧虑。当你修掉她的橘皮组织时，你修掉了她对烘焙的热爱，以及我们这些年来一起吃过的美食。

所以我想**"让每一张照片，都有抵抗时间的力量"**，带着时间与爱的味道。这才是照片的价值。

03 读万卷书不如行万里路，行万里路不如阅人无数

因为没有读万卷书，我这 15 年的人像摄影职业生涯走了很多弯路。不过有些弯路并非全无意义，这些弯路可以让我增长很多见识，看到很多不一样的风景，认识很多人。这些年，我结识了 4000 多个来自不同国家的不同职业、不同性格的人。

有在全球最大的商场一年消费三千多万元的商业人士，虽然她已经实现财富自由，身处名利场，却完全没有铜臭味。

有攒了几个月的工资飞了七千多公里，只为来找我拍照的工薪族，她积极、阳光、自信、勇敢，知道自己想要什么，可以为自己喜欢的东西戒欲买单。

有短暂相处几个小时的旅人，也有一直帮助我、影响我的徽哥和娜姐。他们就像人生标杆一样，用行动向我示范着什么是大智若愚，什么是复归于婴儿，什么是因无所住而生其心。

本来以为他们是我所遇到的唯一的一对灵魂伴侣，没想到我又遇到了来自天津的 Angela 和 Joey，一对结婚 13 年的夫妻。他们的故事是从校服到婚纱的浪漫旅程。

在拍摄空隙与 Angela 聊天时，她回忆说她有印象的跟她丈夫生气拌嘴好像也就一两次，Joey 为了帮她分担照顾孩子（Angela 和 Joey 有两个可爱的宝宝）的压力几乎不参加公司聚会。Angela 虽然很多时候不认同 Joey 教育孩子的方法，但她认为他的教育方式确实有效果，就尽量配合他。在与他们短暂的相处中，我愈发意识到，他们的生活就像一股清流，看似平淡，却格外珍贵。我在给 Angela 拍摄

的过程中，Joey虽然手里还拿着大包小包的行李，但一直在用手机找各种机位和角度给Angela拍照。Joey说："她也没有太多爱好，就喜欢拍照，那就多给她拍一点。"

在他们的身上，我深刻地感悟到，幸福的婚姻不是建立在物质堆砌的城堡里，而是建立在相互理解、相互包容的基础上。

在这个满是诱惑的时代里，守住初心，珍惜眼前人，才是婚姻的真谛。**真正的财富不是银行卡里的数字，而是身边那个珍惜你的人。**

04 边玩边赚，让人生更有趣

在无声无息被爱治愈的这些年里，我希望可以把这份爱传播出去。在迪拜，我希望用影像的方式去记录一百个不同国家的人的肖像，他们有着不同的肤色、信仰，我用影像诉说"我们何以不同，又为何相同"。

当展览落幕时，这些被记录下来的人终将回归各自的原点，但那些曾看过这些影像的人会记住一个道理：我们如此迷恋划分"你"和"我"，或许只是因为不敢直视。所有孤岛，都属于同一个名为"人"的大陆。

何其有幸，摄影像一把钥匙，不仅为我开启了通往世界各地绝美风景的大门，让我遇见这么多认真生活的人生导师，还给了我探索更多美好事物的经济条件，让我真正做到了在享受自由人生的同时收获财富，实现了无数人梦寐以求的"边玩边赚"。

如今，我不仅是一名摄影师，我还在探索更多的可能性。摄影不仅仅是赚钱的方式，更像一场永不停歇的探险。它让我在触摸世界棱角的同时，也找到了生活与事业的平衡。

最后，我想说：自由或许是命运的厚礼，但它从不会凭空降临。它源于敬畏，让我在世界面前保持谦卑；源于热爱，让我一次次举起相机，追寻时光的生命力；源于真诚，让每一次凝视都映照出世界的真实；更源于执着，让我在旅途的风沙中依然坚定前行。

摄影是记录，是创造，更是一种用光与影铭刻生命的方式。

如果你也渴望让热爱成为生活，让自由成为日常，那么，让我们连接，以影像为桥。让我们在边玩边赚的旅程中，绽放属于自己的光。

摄影是记录，是创造，
更是一种用光与影铭刻
生命的方式。

在风暴中，
活成自己的光

贺丽轩

四个混血孩子的妈妈
独立投资人
品牌创始人

面朝大海,春暖花开。

清晨,海风拂面,孩子们在泳池边追逐嬉戏,摇床轻轻晃动,碧海、蓝天、白云,一派安然。

我端着一杯温热的茉莉花茶,嗅着故乡的味道,时光在微风里缓缓流淌。

五年前,我们全家定居以色列,本以为生活会顺风顺水,直到命运递来三张作废的机票。

01 命运的三张机票

第一张机票——世界骤停(2020 年),我以为世界两端是可以用一张机票连接的。

"姐,想我了,我随时打'飞的'回来。"我以为世界两端,靠一张机票就可以连接。直到疫情暴发,世界按下了暂停键,我才发现不是所有的距离都可以随时靠机票跨越。

第二张机票——最残忍的离别(2022 年),我以为亲人会一直等我。

我以为,亲人会一直在原地等我,直到听到电话那头晓峰叔叔低沉的声音:"你爸爸进 ICU 了……情况不太好……"因为疫情持续加剧,我疯狂地查航班,找遍所有可能的渠道,仍然无果,最终等来的是一句:"你爸爸走了。""我以为亲人会一直等我"这句话,带给了我最大的遗憾。

第三张机票——风暴来袭(2023 年),我以为安全就是避险。

2023 年 10 月 7 日,清晨 6:29。我本该两天后踏上归程,行李已收拾妥当。此刻警报声划破寂静,爆炸震动大地。丈夫拉着孩子们冲向安全屋,而我看着手机上未登机的航班提醒,倒吸了一口气。

航空公司再三向我确认:"这是千金难求的航班,您确定不走?"

我轻轻一笑："不了，我决定留下。"

风暴袭来，而我决定站在原地，迎接它。

这一刻，我终于明白，世界变化太快，但我的人生，仍然可以由我掌控。

02 如何成为自己人生的 CEO

过去的几年，我的世界经历了三次突如其来的巨变，我被迫重新思考人生的方向。疫情来袭、至亲永别、战火突袭……可越是风沙漫天，越要倔强生长，当所有的计划被打乱，我唯一能做的，就是成为自己人生的 CEO，掌控自己的人生。

自由，从掌控自己开始

清晨 5:18，闹钟响起。我穿上跑鞋，吹着海风，迎接第一缕阳光，晨跑、冥想、阅读，让身体迅速进入活跃状态。自由不是随心所欲，而是真正掌控人生。

自律，让时间成为盟友

养育着四个混血孩子，我深刻明白，真正的高效，不是做得多，而是做得精。每天，我都会给自己预留一点"思考时间"，不断提升自己。自由从来不是放任，而是自律到极致后的随性。

高效决策，精简人生

在信息爆炸的时代，真正的高手都懂得聚焦关键事务。我把 80% 的时间和精力，放在最核心的 20% 的事务上。少做，但做精，高效的人生,才可能自由。

多元收入模式,让事业适应生活

我建立了主动收入加被动收入的多元收入模式。

主动收入:基于自己的兴趣、专长和市场需求,我找到了真正有价值的工作。

被动收入:利用投资理财、知识付费等获得复利。

这不仅让我对事业充满热爱,也让我拥有更多选择权,能在任何地方生活和工作。

信念驱动,吸引力法则的魅力

"你相信什么,你就会吸引什么。"这不仅是一种心理学效应,更是对我人生的真实写照。从找到灵魂伴侣,到四个混血宝宝(其中有一对龙凤胎)的降临,再到事业的突破,每一个人生节点,我都在用信念塑造现实。

你的内在信念与行动,最终决定了你的外在世界。

03 我的"三要"主义

很多人说,事业和家庭是无法兼顾的,但我不信。我的人生哲学是,要时尚,要事业,也要家庭。学习了易效能时间管理课程后,我可以在世界各地拍大片、拍广告,可以在多个角色间自如切换,不仅能陪伴孩子成长,还能持续拓展事业,偶尔也能回到课堂,做一个纯粹的学生。

我有一个全能完美的丈夫(他是我最坚实的后盾),还有其他无私支持我的家人。这些支持，让我在事业和家庭之间游刃有余。

我保持平衡的秘诀是在事业与家庭之间，找到自己最真实的内心诉求。

时间是你最强大的盟友，而爱是你最坚实的后盾。

04 我的四种旅行模式：让人生不断进阶

清晨，海风轻拂，伴着咖啡的香气，利用电脑开始工作；午后，走进小巷，感受异国文化；傍晚，夕阳下，在沙滩上慢跑，身边是家人，是朋友，是新的故事……这，才是我理想中的自由人生。

家庭旅行，让世界成为课堂

以 2025 年为例，我们一家在清明期间回国探望家人。我带着孩子们祭拜去世的亲人，也让宝贝们感受到血浓于水的亲情。

此刻，我们全家正在泰国度假，和朋友们一起体会别样的异国风情。我们打算暑假驾驶房车横穿美国黄石公园，让孩子远离电子屏幕。我相信世界是孩子最好的课堂。

夫妻旅行，锁住甜蜜的爱情

每年我都会和丈夫进行一次"蜜月旅行"，暂时撕掉"父母"的标签，重拾恋爱感觉。我和灵魂伴侣在陌生城市手牵着手，重温恋爱时的心动和甜蜜。

闺蜜旅行，肆无忌惮的欢笑时光

2025 年，我和闺蜜们去了普吉岛，我们一起吃喝玩乐。每年一次的姐妹之旅，是我人生中最值得珍藏的回忆。

独自旅行，一个人与世界的对话

2025 年，我还进行了两个月的个人旅行，去过四个国家，参加了多个商业论坛，向各国的企业家取经学习。

05 华人影响力：连接，让彼此更强大

在以色列，华人或许不是一个庞大的群体，却是一个有温度、有力量的群体。

这几年，我接待过来自中国、澳大利亚、加拿大、新加坡、美国的华人朋友。他们有的来旅行，有的来投资，有的只是带着好奇而来，想要看看真正的以色列。

每一位来到这里的华人，都是一座连接世界的桥梁。我们不仅是文化的交流者，也是商业的探索者，更是时代的参与者。

在以色列，我们构建了一个开放、互助、进取、共赢的社群。我曾在家里多次举办超过 200 人参加的节日聚会，餐桌上的每一道菜，都是一场文化的交流。春节的饺子宴上，以色列朋友用生涩的普通话说"新年快乐"；中秋的月饼宴上，外国友人尝了一口月饼后感叹"甜而不腻"……

在聚会上，有人讨论人工智能，也有人讨论创业思维，餐桌上的话题比食物更丰富……这不仅是人的相聚，更是文化与思想的碰撞。

这里有人间烟火。如果你愿意，欢迎来聊聊，聊一顿饭，一个故事……

这一刻，我写字记录当下。下一刻，我将收拾行囊，赶赴下一段

旅程，去世界另一端看风景、听故事。

我的故事还在继续，你的故事，又写到了第几页？

在下一本书里，期待与你再相逢。

时间是你最强大的盟友，而爱是你最坚实的后盾。

用脚丈量世界，
活出真正的自由

田华瀚

环球旅行者
深度阅读者
户外探索爱好者

你是否也有过这样的念头？有一个想去的地方、一件想做的事、一个想见的人，却总在等合适的时机？一次次告诉自己："等我准备好了再说。"直到某天，你才惊觉——已经错过了机会。

"有些事现在不做，以后就不会有机会了。"这句话始终萦绕在我心头。它不仅是一句提醒，更是一种忠告——珍惜当下，主动选择自己的生活。

18岁那年，我带着一张单程机票，离开山西小城，踏上了人生的第一趟国际旅程。没有详细的计划，没有充裕的存款，脑子里只有一个念头：如果不此刻出发，未来的某一天，我可能会后悔今天的犹豫。

旅行，不只是去看风景，还是在拓宽自己的边界。它是一次探索，一种成长，更是一次自由的觉醒。

从此，世界成为我的课堂，旅行成为我的生活方式。

01 从地图到世界——当梦想照进现实

小时候，我痴迷于地理，地图对我而言不仅是书页上的图案，还是一张通往未知世界的通行证。我喜欢在地图上寻找国家、记住各个国家的名字和国旗，想象那些遥远的地方是什么模样。

中央电视台的节目《正大综艺》，让我对外界产生向往。我常常守在电视机前，跟着镜头"去旅行"，看埃及的金字塔、欧洲的古堡、日本的樱花大道。我告诉自己：世界那么大，总有一天我要亲眼去看看，而不是只停留在电视屏幕前。

我真正的旅程，始于 18 岁。那一年，我离开中国，到海外留学。之后，我抓住每一个机会去看世界——做交换生、寒暑假旅行……旅行，从兴趣变成了生活的一部分。

有些画面，至今仍深深印刻在我的记忆里。

在布拉格的查理大桥，黄昏的余晖洒在鹅卵石路面上，街头艺人拉着小提琴，空气里弥漫着中世纪的浪漫气息。

在罗马斗兽场，我站在被岁月剥蚀的石阶上，闭上眼睛，仿佛听见角斗士的喘息、观众的呐喊，历史的尘埃在风中翻涌。

……

在法国的小镇，我无意中走进一家百年书店，老板坐在窗边读着泛黄的旧书，抬头朝我微笑。我买了一本书，带着它坐进街角的咖啡馆，慢慢翻阅。那一刻，我才真正明白：旅行，不只是去远方，它更是一种生活方式，一种寻找自己的方式。

真正让我重新思考"自由"这个词的是非洲的游牧部落。在某个偏远的村落，人们过着日出而作，日落而息的生活。孩子们在广阔的草原上奔跑，笑声清脆，篝火旁的老人低声哼唱祖祖辈辈传唱的歌谣，眼神惬意而满足。

真正的自由，或许是能够卸下执念，不被名利、地位所束缚，可以随时改变方向。

02 边玩边赚——思维比金钱更重要

"你去过这么多地方，一定很有钱吧？"很多人这样问我。

决定一个人能走多远的,不是钱,而是思维。

我曾遇到一个女孩,花了三四年环游世界,身上却只有 1000 美元。她的秘诀是——打工换宿。每去一个国家旅行,她就去当地的青年旅社或民宿询问是否可以用帮忙干活换取食宿。她打扫房间、做简单的接待工作,不仅节省了开销,还在旅途中结识了来自世界各地的朋友。

还有一个小伙子,几乎没有什么存款,却靠一把吉他走遍 100 多个国家。他在街头广场演奏音乐,听众投下的钱,就是他继续旅行的旅费。他笑着对我说:"我没有多少钱,但我有技能,而世界给了我回报。"

全球越来越多的国家推出数字游民签证,让人们可以一边工作,一边旅行。

在旅途中,我遇到了许多远程工作者:有人在海边的咖啡馆处理金融业务;有人在山间民宿写代码、做设计;有人一边旅行,一边在不同国家寻找商业机会。

而我自己,选择了这种生活方式:

埃及的尼罗河边,我在黄昏中打开电脑,回复工作邮件;在墨西哥的海滩,我上午冲浪,下午在遮阳伞下完成报告;在东欧的某个小镇,我白天探索城堡,晚上写下新的文章。

我的生活证明旅行和赚钱,并不是对立的,而是可以相辅相成的。

"我要先赚够多少钱,才能开始旅行?"有人这样问我。

我的回答是:如果你一直等,可能永远不会启程。

旅行不是有钱人才能做的事,也不是等你"准备好"了才可以去做的事。世界不会等你准备好,机会也不会一直敲门。

所以,最好的出发时机就是——现在。

03 旅行的极限——自由的另一面

旅行并不总是美景与惬意，它也意味着挑战。

在菲律宾，我曾与死亡擦肩而过。那次潜水，本该是探索海底世界的奇妙体验，却成了一场生死考验。

因装备故障，我在水下无法呼吸，海水灌入鼻腔，胸口剧痛，意识开始模糊。"就这样死在这里，家人甚至不知道我在菲律宾……"

我拼尽最后一丝力气浮出水面，鼻腔和口中涌出鲜血，潜水教练紧张地拍着我的肩膀，确认我还活着。那一刻，我才真正意识到生命的脆弱。

旅行，让我明白生命的脆弱，学会珍惜当下；让我见证世事的无常，学会感恩拥有的一切。

04 是旅行的尽头,还是新的起点?

走过 190 个国家后,我开始思考:旅行的意义究竟是什么? 是踏遍全球所有的国家,还是找到一个真正适合自己的地方?

直到我明白,旅行的价值不在终点,而是在旅途中找到真正的自己。幸福,不是拥有更多,而是能珍惜当下的美好。

05 如何开启你的边玩边赚生活

第一步,找到你的可变现技能。

回顾你的特长、兴趣,甚至那些你能轻松完成、别人愿意为之付费的事情——写作、设计、编程、翻译……

第二步,尝试变现。

选择适合你的变现方式,比如在自由职业平台接单,从事远程工作,输出内容。你可以在自媒体平台上变现,也可以探索市场营销、数据分析、在线客服等线上岗位,找到适合自己的收入渠道。

第三步,从小目标开始,逐步升级。

无需一开始就追求财富自由,先尝试建立一个稳定的收入渠道,再逐步拓展收入来源。

真正的改变,从踏出第一步开始。你的第一步,能在未来三个月内迈出吗?

真正的自由，或许是能够卸下执念，不被名利、地位所束缚，可以随时改变方向。

第四章

健康优先——身心自由才是真正的富有

逆境中觉醒的
生命之光

张 静

健康生活达人
女性智慧成长顾问
幸福家庭践行者、传承者

01 映雪寒梅：病痛的觉醒

"不经一番寒彻骨，怎得梅花扑鼻香。"人生恰似穿越一片荆棘，每一步都可能会遭遇艰难险阻。**然而，正是这些磨难，赋予我在困境中觉醒的机会，让我得以像映雪寒梅般绽放光彩。**

你是否也曾在困境中感到无助？你相信困境中能开出幸福之花吗？请听我的故事。

儿时，病痛一直是我成长路上挥之不去的阴影。我从小就饱受疾病折磨，打针、吃药是常事。我还记得，那时我蜷缩在病床上，窗外传来母亲熬药时的叹息声。那些苦涩和疼痛，依稀还刻在记忆里。无数个夜晚，我只能独自承受病痛，全靠坚强的意志熬过那些漫长的黑夜。

这种疾病缠身痛苦万分的状态，使我多次萌生轻生念头。是对父母的孝心与牵挂，驱散了绝望与迷茫，引领我走出了困境。

大学毕业后，我想去南方发展，却不得不为了分担家庭重担放弃自己的梦想。我在家乡当了一名教师，后来嫁给一位军医。正是丈夫的出现给我的健康带来了转机。通过全方位调理，我的身体渐渐恢复。

孩子七岁时，我独自来到深圳创业。那天晚上，霓虹灯如往常一般闪烁，我刚结束一天忙碌的工作，手机铃声响起，母亲哽咽的声音传来："你爸病了，起不来了……"

我立即放下一切，回到老家照顾父亲。凭借丈夫专业的医疗指导和营养食疗搭配方案，加上我的精心护理，父亲半个月就能走路了。在丈夫的指导下，母亲通过轻断食和营养配餐，体重减了36斤，血压恢复正常。

二十余年间，我一直坚持科学饮食，分享爱心早餐，也帮助很多人实现了健康的生活方式。我发现了中医养生与西医营养学之间的关系，辅助丈夫在深圳成立了食疗养生公司。

02 子夜梅香：女性的觉醒

儿时，我曾乘坐游轮前往九江，轮船在波涛汹涌的长江上前行，汽笛划破云雾，远远望去，庐山云雾缭绕，峰峦隐现，宛如仙境。我攥紧小手，暗暗立下誓言：**"我要健康地活着，走向远方！"** 这颗种子，从此在心底生根发芽。

母亲因生育三个女孩而被人嫌弃的经历，让我从小立下志向，我要出人头地，向世人证明女性不逊色于男性。家庭和事业的双重压力，让现代女性身负重荷，步履维艰。因此，我积极投身于幸福家庭文化，致力于帮助女性提升生活质量和幸福感。

我经常前往深圳忤苑关爱中心，向困境中的单亲家庭伸出援手。这里的孩子既可爱又可怜,我不仅给予他们物质上的支持,更注重对他们心灵的慰藉和疏导,让单亲孩子感受到温暖和亲情。我和这里的单亲妈妈们共同修习幸福人生课程,用爱唤醒她们内心深处的力量。

03 以食悟道:文化的觉醒

我从很小就开始思考生命的意义,不断探寻更有价值的人生之路。

中华传统文化,让我如获至宝,如沐春风。1988 年 75 位诺贝尔奖获得者在法国联合发表《巴黎宣言》,宣言指出:"如果人类要在 21 世纪生存下去,必须回首 2500 多年前去汲取孔子的智慧。"这句话让我对东方智慧和中国传统文化的博大精深有了更深刻的认识。

漫步于古寺之中,看着金黄色的千年银杏,"仁者寿"的碑刻在岁月的长河中静静诉说着生命的奥秘。那一刻,我心潮澎湃,许下心愿,决心学习、践行优秀的中华传统文化,探索生命的真谛,寻找内在的智慧,书写属于自己的精彩篇章。

为践行幸福家庭文化,我积极倡导"三早"理念:早起、早读、早餐,让每一个清晨都充满希望和活力。

我 82 岁的老母亲就是"三早"理念的践行者。她每天早晨四点多就起床诵读经典,耳聪目明,精神饱满,还经常担任读书会主持,用自己的行动激励年轻人参加早晨读书会。

我发起了涵盖七香(饭香、茶香、花香、果香、书香、德香、心香)的"慧生活"活动,呈现营养健康的美食盛宴,让人们在品鉴美食的过程中,感受中华传统文化的魅力,领略生活的真谛。

内蒙古的少年王瀚生在"慧生活"活动的滋养下，从抑郁迷茫变得孝顺阳光；休学的苗苗第一次参加我主持的读书会，低头不语。随着与妈妈经常参加"慧生活"活动，苗苗从面无表情到笑容越来越多，与人交流也越来越顺畅。一年后，她对妈妈说："我想上学了。"在"慧生活"活动的熏陶下，孩子们知书达理，朝气蓬勃；成年人得到滋养和疗愈，找回生命的活力。

我一直以"行有不得，反求诸己"作为人生的座右铭，从生活的点滴、起心动念处反省自己，知错就改，在生活中践行圣贤教诲，知行合一，不断完善自我。丈夫成为著名医学、营养学专家，帮助很多人实现身心健康。儿子的心理素质不断提升；我也在引领更多人成长。

04 香雪成海：时代的觉醒

如今，我努力跟上智能时代的发展步伐，用 AI 为我的百万家庭幸福计划赋能，帮助更多人活出生命的精彩，点亮生命之光。我要利用 AI,把健康的生活方式传授给更多的家庭,让幸福的种子在每一个家庭生根发芽。

在这个世界,总有一种使命让我们坚定,总有一股力量让我们敬畏,总有一些故事让我们感动。不管生活有多么坎坷,只要心中充满爱与信念,就能穿越黑暗,迎来光明。让我们一起点亮生命之光,共同创造一个更加美好的未来!

不管生活有多么坎坷，只要心中充满爱与信念，就能穿越黑暗，迎来光明。

探寻健康密码，

开启健康人生

金闰迪

国家级营养师
丽姿蓝生物科技创始人
肝胆肾结石调理专家

健康，究竟是什么？

它是身体机能的和谐运转，健康的钥匙就紧握在我们自己手中。

01 "药罐子"的诞生

1972 年寒冬，湖北神农架野人谷迎来了一场三十年未遇的大雪。在农历腊月二十五，这个传统的磨豆腐之日，一位身怀六甲的妇女在搬石头压制豆腐时动了胎气，生下一个小名叫华娃的女婴。婴儿哭声微弱，浑身青紫。接生婆一边惊恐地嘟囔着："怕是被山魈夺了魂哩！"一边哆嗦着往炕头撒糯米。

而这位母亲却坚信这个孩子福泽深厚，她说："今天磨豆腐，出生就有福，咱神农架的娃，阎王也带不走！"

02 "药罐子"的童年

三海村唯一诊所的谭大夫常说："这丫头吃过的药，比野人谷的野葡萄还多。"三岁那年，一场高烧让我患上了严重的支气管炎，继而转为百日咳，甚至失声。

父母四处寻医问药，各大医院和医生都无计可施。我清楚地记得，有一位医生摸着我的头，惋惜地说："可惜了！这么漂亮的女娃，竟是个哑巴。"

母亲心急如焚，病急乱投医，为了替我治病，甚至为我求来符水。

后来听闻观音洞有千年不涸的"神水"，能治百病。于是，每到初一、十五，母亲都会半夜带着我爬上半山腰去打"神水"。在那里，有一棵经历雷劈却又重获生机的百年桂花树，还有一泓永不枯竭、甘甜清冽的泉水。或许是上天垂怜,后来我竟慢慢恢复了。

03 樱桃树下的"生死劫"

11岁那年,在樱桃成熟的季节,有一天中午父母外出,满树红彤彤的野樱桃像一个个诱人的小灯笼,引得身姿敏捷的我爬上树采摘。我爬上十米高的老树,边吃边摘,满心想着把最好的樱桃装进口袋带给母亲。

然而,当我得意忘形地双手离开树干时,"咔嚓"一声,胳膊粗的枝干突然断裂,我如折翼的鸟儿般坠向地面。昏迷前,我竟然还在想:"我采摘的最好的樱桃被压坏了,妈妈吃不到了,她知道了肯定会揍我一顿。"

我被邻居背回家,躺在床上晕晕乎乎的,本以为睡一会儿就好,谁知竟昏睡了六个小时。傍晚母亲回家时,我已奄奄一息。幸好,我被紧急送往医院,医生说再晚一个小时就很难救回来了。我虽然捡回了一条命,但头疼的后遗症却如影随形伴随了我几十年。

04 我与酵素的故事

记忆里,母亲总用几种不同的做法做豆腐。一种是用柴火灰腌制成豆腐干,便于储存;另一种是做成豆腐乳,夏日食用也不用担心变质。发酵如此神奇,原本普通的豆腐,经过发酵后变成了奇香下饭的美味。

秋天收获的黄豆,母亲也会用古老的方法将其发酵成散发着独特气味的豆丝,晒干后再炒制。后来我才知道这就是含有纳豆激酶、可以软化血管的美食。

还有母亲用一种名为妙子的野花酿成的酒,那琥珀色的液体散发着奇异的果香,饮下后浑身发热,气血通畅。房县的女子常饮此酒,个个面若桃花。后来我把这酒带到深圳,给几位怕冷体虚的闺蜜喝,她们喝后面色红润,惊愕不已,直呼:"这哪是酒?分明是天赐的玉露!"这些古老而传统的发酵美食,都是酵素技术馈赠给人类的珍贵礼物。

2011 年,我邂逅体内环保净化酵素,便深深迷上了酵素,不断尝试上百种酵素,决心将酵素介绍给更多人。

于是,我踏上了寻找之路,历经重重筛选,才决定与阿里山的原料工厂合作。我创立了自己的公司,亲自设计了代表名誉、财富、健康、爱情的四叶草商标。

2022 年,我结识了为企业做业绩倍增策划的魏宏翰先生。在他的鼓励下,我和一帮志同道合的朋友创立了天福团队,并在深圳梧桐山开办了一个运营中心。

我希望,在 2025 年影响 100 人成为健康管理师;未来三年培训500 名营养健康管理师,开办 500 场健康公益课,影响更多的人关注饮食健康,让家家都有营养师,人人都懂营养学。

05 健康女王的开悟之道

释迦牟尼佛说"天上地下，唯我独尊"，他告诉我们，天地万物中，人最为重要。六祖惠能的"菩提本无树，明镜亦非台，本来无一物，何处惹尘埃"则点明，我们本自具足，无需向外寻求。

因为佛法，我找到了活在当下的力量；因为分享与传播健康知识，我找到了自己的热爱与自我价值的实现方式。

人生最好的状态，便是爱自己，爱他人，回归自然，让世界因我们而更加美好、富足！

人生最好的状态，便是爱自己，爱他人，回归自然，让世界因我们而更加美好、富足！

边玩边赚:

从焦虑到自由的

成长之旅

魏宏翰

爱运动的DIY旅行者

商业生态系统架构师

企业顾问

"有钱就能幸福。"——这是我曾深信不疑的信念。

你是否也曾在追逐财富时迷失自我？你相信"玩"能带来自由吗？我的故事告诉你：**真正的幸福，从"认真玩"开始。**

01 从山村到深圳：优等生的困局与觉醒

20世纪80年代的粤西山村，雨后泥泞的土路上，我光着脚踩着稻田边的小路去上学。母亲常说："读书是你唯一的出路。"记忆中的母亲总在灶前忙碌。袅袅炊烟中，她眼里的光是我最初的动力。

11岁那年，我随着全家来到深圳。这座霓虹与尘土交织的城市，充满了机遇与挑战。

从中学到大学，我努力成为其他家长口中的"别人家的孩子"：学习成绩优异，担任学生会主席，深得导师的赞赏……

我坚信，只要按部就班地攀登考名校、进名企、升职加薪的阶梯，就能触摸到理想生活的核心。

30岁已经是公司领导层的我，每天凌晨1点还在修改公司管理层的汇报PPT。年薪丰厚，拥有豪宅，我却常常怀疑自己是否真的"成功"。

直到有一天，我计算房贷利率时，发现自己不过是从"种田交租"换成"996还贷"，那一刻，我明白了，我没有掌控人生，而是被人生掌控了。

我尝试跃迁思维，重置目标，将"赚"更多可能性作为目标；重构价值，视买房、买车为游戏道具，而非终极奖励；重启模式，让工作成为自我表达的舞台。

02 从"玩物丧志"到"玩出快感"：生命本真的冒险

我一直以为"玩"是逃避，只有弱者才会沉迷于"玩"中。

2015 年的一个午后，在深圳深南大道的一家茶馆里，窗外车水马龙，窗内茶香氤氲。我视其如师的那位长者，端起茶杯，笑着问我："你认真'玩'过人生吗？"

这句话让我陷入深思。我一直追求结果，却忽视了过程，我从未真正"玩"过自己的人生。

2016 年，我辞去了高薪的工作，开始创业。我以为，只要自己做老板，就能真正实现自由。于是，在深圳南山海岸城租下办公室，注册了多家公司，做所谓的"商业布局"。我疯狂寻找各种商业机会，投资风口项目、开公司，一切看似顺风顺水，财富不断增长。

2017 年，我尝到了短暂的"成功"的滋味。但同时，我发现自己并没有变得更快乐，反而感觉压力更大了，每天看数据、研究投资回报率，甚至比给别人打工时更焦虑。

2018 年，我投资失败，我从"成功"的峰顶跌落。在广州的一家酒店，一位曾经风光的企业家眼神空洞地说："我从未真正学会'玩'，只是在表演成功。"

这句话直击我内心：我真的在"玩"人生吗？还是只是换了一种方式工作？

2019 年冬，深圳的一个小院里，篝火旁，一位智者笑道："人生的方向，就是没有方向。"

我终于明白，真正的"玩"，不是换个方式赚钱，而是找到喜欢的生活方式。于是我做了一件很多人无法理解的事情：停下来！

我卖掉名表，搬进市中心的城中村，每日喝茶、打坐、散步，过着无目标、无任务、无压力的生活。

2020 年元旦，我背上行囊，开启了一场徒步旅程。这是我首次不为"结果"行走。从惠州到深圳，四天徒步，我用双脚感受真实的世界。我突然明白，真正的自由，不是去追逐终点，而是在每一步里找到乐趣。

03　边玩边赚：从优等生到自由玩家

2021 年深冬，丽江束河古镇，一个纳西小院。我坐在火塘边，手机疯狂振动，原来是友人邀我参与区块链项目，说利润达几千万元。

我望着远处的玉龙雪山，突然想起几年前那位长者的话："玩是认真的事情！"手指划过屏幕，发出拒绝的信息！如果赚钱可以是一场游戏，为什么不让它更有趣？

当夜，我在泛黄的东巴纸上写下今后赚钱的三大法则。

乐趣：选择享受过程的项目。不是为了赚得多，而是为了有趣。

创意：用游戏化思维创新商业（如剧本杀）。

流动：让财富与价值在商业的各个环节间循环。

曾经，我开着保时捷穿行于深圳湾一号，后视镜里映出的却是那个赤脚奔跑在粤西山村的男孩，正惊恐地望着这个负债 300 万元的"成功人士"。当赚钱沦为填补欲望的游戏，财富便成了最华丽的囚笼。

如今，我对"赚"有了新的理解。2022 年春，郑州某康养门店的茶室里，我正与经销商推演社区营销方案。窗外细雨润着青石板，灵感如春笋般涌现。

我们将传统地推转型为"养生剧本杀"，让阿姨们在游戏中把脉寻宝。执行方案时的酣畅感，竟堪比儿时堆砌沙堡。我与营销鬼才老潘组队，他负责设计游戏化积分系统，我主攻文化故事植入。三个月后，业绩增长 120%、"80 后"客户占比突破 40%，我们击掌大笑："这哪是赚钱？分明是组团打怪刷副本！"

现在，我的手机不再因银行短信频繁振动。每当收到陕西的经销商寄来的红苹果，或看见康养学员发的客户全家参与养生打卡的朋友圈时，我就会想起《小王子》里的话："**让我们感到欣慰的平凡小事，这一切都不是金钱可以买到的。**"

04 边玩边赚：财富是生命的副产品！

做商业策划时，我常自问："我是计较'小我'得失，还是提升'大我'？"

2023 年春，我为一家健康产业集团做策划，发现对方的产品好，但市场表现差，原因是经销商重赚钱、轻成长。两年来，我辅导该公司的员工学会边玩边赚，重视内在与心灵的成长。公司业绩倍增，员工的收入增加，我也在助人成长的过程中增强了自身的内在力量。

娟子的故事尤其值得记录下来。这个五十多岁的内向大姐，起初连话都不敢多说。经我的辅导后，她在 20 平方米的小店里抖手着接待了第一位顾客。一年后，她站在 80 平方米的新店前，眼含热泪对我说："魏老师，我终于敢做梦了！"她的笑容，是边玩边赚的证明。

这才是财富的最高形式，它是流动在团队、客户、社区间的温暖。

05 结语

真正的玩家，不追求财富，而是追求生命的意义。

边玩边赚是一段关于自我回归的旅程。我们应以孩童般的好奇拥抱世界，又以哲人般的深刻审视内心。曾经以为"有钱就幸福"的我，成为"玩"的艺术家，在追求生命的意义中，获得内在的力量。

未来，我将继续行走在用生命影响生命的大道上，把自己活成一束光，照亮自己，也照亮他人。

真正的玩家，不追求财富，而是追求生命的意义。

以音为药，以埙为媒的
音乐探索之路

玄音徵阳

埙、箫演奏家
埙乐文化传播者
原创音乐人

我是玄音徵阳，一个从湖南偏远山区走出来的音乐人。很多人问我，为什么会从一个吹笛少年变成传播古老音乐文化的践行者？为什么会把"埙"，作为我一生探索的载体？我想说，这是命运的安排，更是热爱与使命感的交汇。

这条音乐探索之路，我走了近三十年，从最初对旋律的痴迷，到将传统文化与现代身心调理相融合，我一步步从"喜欢音乐"，到"被音乐引领"。

今天，我将与你分享这条探索之路，也许你也正走在寻找自我与声音共鸣的旅途中。

01 缘起：音乐，是骨子里的召唤

我出生在湖南雪峰山一个偏远的山坳里，爷爷当过兵，我家是光荣军属家庭，所以我从小听着军歌长大。除此之外，我能接触到的"音乐"只有山间的风声、雨声和虫鸣。因心性与小伙伴不同，所以我跟大家玩不到一块去，常常被小伙伴孤立。加上父母没有什么学问，更没有能力引导我解决心灵方面的问题，所以我在童年时就已经有点抑郁了。幸好有爷爷的军歌陪伴我，给我带来了很多乐趣和音乐熏陶。

上初中时，一支亲戚送的竹笛改变了我的人生。收到这份让我惊喜的礼物后，我第一次感受到音符从指尖流淌出来的奇妙——无需乐谱，无需老师，我竟能通过听竹笛曲子的磁带，模仿着吹出像模像样的曲调。那一刻，我仿佛发掘出了血脉里沉睡的某种本能，难道这就是天赋吗？后来我才明白，这原来是祖辈的音乐基因和中华文明千年传承的乐道文化密码。

02 扎根：从热爱，到专业

因为体弱，学业吃力，我早早意识到自己可能走不了"传统优等生"的路。高考时，凭着对音乐的强烈向往，我决定选择音乐专业，打算以此响应自己内心的召唤。

被一所师范院校录取后，我很快感受到了落差——别人从小就接受专业训练，而我只能靠熬夜苦练。在同学们轻松交作业、完成演奏时，我常常要在琴房苦练到深夜。为了弥补差距，我自学了三十多种与音乐相关的技能，从吹奏到编曲，再到录音制作，只为找到自己独特的表达方式。

我自由地探索音乐与生活的关系。我逐渐发现，音乐不仅是技巧，更是我观察世界、理解情绪、安顿内心的方式。

03 转折：当音乐遇见传统

临近毕业时，我的导师对我说："你很努力，但也许可以考虑另一种方式，把音乐道路走得更远、更宽。"他的这句话开启了我人生的又一扇门。

那之后，我开始接触中国传统文化，反复研读《黄帝内经》《易经》《礼记·乐记》等经典。

我不禁开始思考，音乐是否真的能影响人的身体、情绪甚至生活状态？如果说过去的音乐是表演和表达，那么传统里的"音"，似乎更接近一种内在秩序与身心共鸣的引导方式。

那个时候，我的身体状态也不好。于是，我开始尝试用声音来调节呼吸和情绪，甚至缓解头痛、消除紧张等。起初只是尝试，没想到慢慢开始总结出其中的规律：不同的音高、音色、节奏，会激发身体不同部位的感受；某些旋律甚至能让我情绪安定、头脑清明。

于是，我开始大量阅读传统音乐与中医的理论，试图用古人留下来的智慧指引我探索新的方向。

04 探索：一支古埙，打通千年声音

在众多乐器中，我遇见了埙。这是一种造型朴素、音色低沉、由陶土烧制而成的乐器。它没有华丽的外表，却拥有极为独特的力量。埙的声音厚重、安定，似山风入谷，吹奏时仿佛能把人带回很远很远的地方。

古人说"埙之自然，以雅不僭，居中不偏"，它不像现代乐器那样需要复杂技巧，而是一种与呼吸同步的自然发声方式。我开始以埙为核心，结合五音与中医经络五行系统，进行调理音乐的创作。

我花了十年时间走遍全国，向中医、道家修行者、民间艺人请教，从梵音唱诵到气息练习，不断整合、实践、归纳。**我并不是要成为一个音乐治疗师，而是想找到一个桥梁，让人们在声音中重新认识自己。**

05 落地：从演奏，到陪伴

2022 年，我发行了三张古埙原创专辑，并开发出"二十四节气埙频音库"，将节气与音频结合，便于人们在不同的时间和情绪状态中，选择相应的声音来陪伴自己。

在最低谷的时候，也许你不需要答案，只需要一段音乐陪你渡过难关。

这些年，我收到许多听众的反馈：

"听你那首《上善若水》的羽音时，我孩子终于不再那么暴躁了。"

"我爸爸常年哮喘，竟然说听商音吹奏像是在'帮他顺气'。"

"我失眠十年，第一次在你的埙乐里安安稳稳睡着了。"

这些真实的、来自听众的正向反馈，是我最珍视的回响。

2024 年，我在深圳举办乐疗分享会，请三百人共同闭眼倾听埙乐。当埙音响起，整个空间变得空灵而有能量。那不是表演，更像是一场集体疗愈。

人真正需要的，是找到一种听见自己的方式。

06 延展：让埙走进更多家庭

我深刻地体会到，埙并不是一种专业的东西，而是每个人都能轻松上手的乐器。

曾有一位年轻的妈妈告诉我，她每天晚上会在睡前吹一段埙，不为表演，也不为取悦孩子，而是为了让自己先慢下来。她说："当我气息平稳、声音平和时，孩子竟然也自然安静下来，躺在我身边听，眼睛都亮了。"

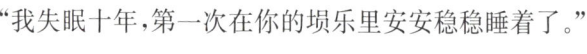

还有一位十几岁的少年，因为青春期情绪反复，与家人冲突频繁。有一次，他跟着母亲来试听埙乐调理课，本来是抗拒的，却在练习中主动说："我觉得，我可以把埙当成我的朋友。"那一刻，我看见了音乐带来的疗愈：不是改变别人，而是打开自己。

埙不只是一种"乐器"，更是一种"声音的陪伴方式"。它的本质不是演奏，而是爱的传递。

如果你也是一位父母，如果你也曾为孩子的不良情绪感到束手无策，不妨试着放下手机，吹一段埙，或静静地与孩子听一段埙音。孩子也许不会立刻回应你，但他会感受到你心中那份安稳与温柔——这就是爱的传递。

我们终其一生寻找方法陪伴他人，而其实最好的方式，是先用声音陪伴自己。

07 听见自己，就是自由的开始

我始终相信，声音是时光的另一种形态。

在这个高速运转、信息爆炸的时代，古老的埙不动声色地提醒我们：慢一点，轻一点，听一听你的呼吸、你的脚步、你的心跳。

埙是一束来自远古的光，照亮当下的生活。

愿这束光照进更多人的生活里，帮我们找回自己、照顾彼此。

我们终其一生寻找方法陪伴他人，而其实最好的方式，是先用声音陪伴自己。

第五章

思维跃迁——

财富可传承，自由更可传承

边玩边赚：

幸福的代际传递

江桂媛

拥有25年财务经验

时间管理达人

高效成长与全球旅居践行者

我是江桂媛。我出生在一个被称为"夹皮沟"的小城，我此前的人生轨迹是读大学，找份好工作，过着平凡的生活。

2024年正月父亲去世，我重新画出人生的坐标，独自飞越太平洋探索美国。古语道"纸上得来终觉浅，绝知此事要躬行"，100天后我将两个女儿也接到美国，并决定辞去大学的工作，做旅居全球的自由职业者，成为一个身心自由的妈妈。陪伴孩子成长的同时，我把多年来学习实践的经验分享给更多的人们，支持他们像我和我的伙伴们一样成为效能、财富、幸福均衡增长的人。

25年以来，我从最基层的岗位做起，直到成为高级会计师、大学老师、行业领军人、项目评审专家。在事业巅峰时，目睹亲人离世让我深度思考生命的意义。持续学习与反思；追求人生平衡；读万卷书，行万里路，是父亲一生的真实写照。带着父亲留给我的这些智慧，我辞去大学的稳定工作，在地球另一边开始全新的生活。我践行父亲这些智慧时，也得到了财富、机会、幸福。我想通过我和父亲的故事，告诉大家：**在世界的任何角落都能活得幸福。**准备好了吗？让我们一起打开那个被忽视的百宝箱，里面装着光明、善良、梦想、勤奋、感恩……

01 不断学习与反思的父亲

在我童年的记忆里，父亲总是随身带着一个小本子。无论是在工地巡查，还是在家中小憩，他总会时不时掏出来记录或分享。父亲晚年时，依然保持着这个习惯。夕阳的余晖洒在他的身上，仿佛为他镀上了一层金边。他常常掏出一个小本子，和儿孙们讨论着最新获取的知识，涉及面之广常令我汗颜，健康养生、时政要闻，甚至是某座新建大桥的技术参数……

我们家至今保存着父亲一生记录的几十个小本子，泛黄的纸页上，工整的字迹依然清晰可见。**这些本子是父亲留给我们全家最宝贵的财富，不仅记录着他的求知历程，更承载着他对生命的感恩与回馈。**

父亲出生在一个富庶的商贾之家。老宅的青砖黛瓦间，曾回荡着他无忧无虑的笑声。可命运弄人，三岁那年，一场急病夺走了他的生母。两年后，他的父亲也撒手人寰。七岁时，最疼爱他的爷爷离开了人世。家道中落，所幸父亲的继母对父亲极好，努力维持着家业，让他年少时得以接受私塾教育。然而，这位善良的女性最终因不堪各方恐吓威胁，投河自尽。十三岁那年清明，阴雨绵绵，全族上山祭祖时，竟有人企图将父亲推下悬崖。千钧一发之际，几位有担当的族亲挺身相护，他才死里逃生。从此父亲孤身远走他乡，四处漂泊。

靠着好心人的接济和优异的成绩，父亲得以继续求学。那些年，他白天上课，晚上打工，常忍饥苦读。毕业后，父亲成为建筑工程师，参与了诸多重大工程建设，包括全国最大的军工转地方化工厂项目。每年他都会购置新台历，每日在上面记录当日的反思，家中有几十本这样的台历。我学习了时间管理课程后更加理解记录反思的重要性。凭借学习，父亲从家道中落的孤儿到成为高级建筑工程师，拥有优渥的工作环境。父亲总说要珍惜每一次学习的机会，时时反思，感恩每一份善意，以赤子之心回馈社会。

在父亲的影响下，我在财务领域不断精进，从基层会计做到行业领军人，并在大学授课，走上事业顶峰。通过学习与反思，我用很小的成本就旅居美国，得到带两个女儿探索世界并在各地深入学习当地文化的机会，这一切就是那么神奇。如古人云："学如逆水行舟，不进则退；心似平原走马，易放难收。"**持续学习、行动与反思是我和父亲改变命运的钥匙。**

02 追求人生平衡的父亲

20 世纪 90 年代，房地产行业风生水起，父亲在我们当地最大的国有房地产公司担任要职。面对乙方频繁的请客送礼，他总是婉言谢绝。"吃人的嘴软，拿人的手短，"他常对我们说，"一个建筑要使用百年，稍有疏忽就是人命关天的大事。我可不想为了钱，每晚睡不安稳。"

记得有一个夜晚，一位不速之客提着一袋苹果登门请教图纸问题。父亲客气地接待了他，认真解答了疑问，却坚决让那人把苹果带回去。"有任何问题都可以问，不用送东西。"他对那人说。后来，这样的事情渐渐少了。父亲用一袋苹果让别人知晓他的行事风格，为我和哥哥营造了清静的学习环境。家中的生活虽平淡，却有父母的爱和陪伴。夜晚降临，父亲常在书房研习书法、读书看报。很多同行劝他接私活，他却始终淡泊名利，将业余时间花在研读书籍上。

父亲常说，老天爷待他不薄。早年虽历经磨难，但后来事业有成、家庭美满、子孙绕膝，虽晚年患癌，也有老伴、儿女悉心照料。他将家庭的平安喜乐，视作老天爷最大的赏赐，常言要珍视自己的品行，走正确的致富道路，而非一味追求银行存款的增加。事实证明，这一行业诱惑众多，有些人虽然早年风光一时，但贪多求大，晚年债务缠身，痛苦不堪。父亲用自身经历告诉我们：幸福是一种平衡的智慧，人生并非仅由银行存款决定。父亲不仅守住了建筑工程师的职业道德，更用一生诠释了何谓平衡的人生。**他用自己的方式，守护着内心的净土，留给儿孙们无价的人生智慧。**

03 旅游——打破固定思维的牢笼

许多人认为环球旅居是有钱人能做的事，普通工薪族只能望而兴叹。那些年，父亲不断被选送到全国各地参加培训，可谓实现了全国旅居。他利用每次长达半年、短至 3 天的学习，游遍了全国各省份。翻看他在各地的照片，听他讲述经历，是我们童年最难忘的时光。比如，某个夏天，他在武汉扇坏 5 把扇子；某年冬天，他在沈阳学习 3 个月，用大棉被当门帘，睡炕头……这些故事让生长在南方小镇的我，对外面的世界充满好奇。受父亲影响，30 岁前我几乎走遍了全国各省份，结婚后也每年组织家人出游，游遍亚洲各国。我们家一直坚持读万卷书，行万里路。

过去，父亲靠学习实现全国免费游、出国游；如今，我跨越半个地球，带孩子在美国学习。父亲用一生告诉我：世界的大小，不由钱包的厚度决定，而由视野的宽度决定；束缚我的不是银行账户里的余额，而是思维的边界。**我在父亲的感召下，打破固定思维的牢笼，实现身心的自由。**

04 我们家的八字箴言——学习、行动、记录、反思

感受幸福是一种能力，可以代代相传。我们家的八字箴言——学习、行动、记录、反思，这是父亲留给我们的财富。八字箴言改变了父亲曾经悲怆的命运，也悄然改变了我的命运。

在父亲驾鹤西去一周年之际，我写下此文为纪念他，此书出版也是我对父亲的一份追思和缅怀。

如果你好奇如何像我和我的小伙伴们一样成为效能、财富、幸福均衡增长的人，请联系我。每个人都可以打破固定思维的牢笼，实现身心自由、财富自由！

每个人都可以打破固定
思维的牢笼，实现身心
自由、财富自由！

茶路传奇：

用世界的水泡普洱的茶

许玲玲

云南白药天颐茶品战略合作伙伴
中华传统文化终身学习践行者
心理学个案疗愈师

你是否相信，一片茶叶能改变人生？你是否想过，梦想可以从大山深处起航？我用我的故事告诉你，普洱茶不仅是饮品，更是我打开自由大门的钥匙。

1985年2月的一个夜晚，西南边陲的一个小山村里，一声婴儿的啼哭划破了宁静的夜空。我，就这样出生在这片被青山绿水环抱的土地。我出生的村子虽然远离都市，交通不便，信息闭塞，却有无法比拟的自然美景。这里的每一寸土地，都藏着浓浓的乡土气息，村民们简朴而真诚，过着与世无争的日子。

我的家乡位于彩云之南，山川苍翠，茶园如茵。这里四季微风拂面，碧水盈盈，每一处景色都仿若画卷。清晨，当第一缕阳光洒在山川之间，薄雾弥漫，溪水潺潺，鸟儿在枝头唱歌，一切都显得那么和谐美好。那时候，我总是和小伙伴们一起光着脚丫在山间奔跑追逐蝴蝶，嘴里嚼着酸甜的野果，抬头便是奶奶满是皱纹的笑脸和满山遍野的绿，享受着无忧无虑的童年时光。那时的我不知道，这片土地会成为我一生的根。

然而，随着年龄的增长，我逐渐意识到，世界并不如我所想象的那么简单。七岁那年，我进入了小学，第一次走出山村，才发现这个世界的广阔与复杂。记得刚开始去学校时，别人穿着整洁的校服，手里拿着书本，而我只能穿着家人用布给我做的衣服，心里既忐忑又羡慕。这种差距，让我对自己的未来充满了不安。

01 承受压力，勇敢追梦

　　尽管如此，我从未放弃过追求知识的渴望。"女孩读书无用"的观念，像一副沉重的枷锁，压得我喘不过气来。家里虽然并不富裕，但父母一直鼓励我努力读书，给了我最大的支持。为了帮父母减轻负担，我每天放学后都在田地里干农活。做饭、放牛、割草、挑水，这些活我都干过，而这些看似平凡的劳动，锻炼了我的毅力。

　　那时，我心怀梦想，希望有一天能走出大山，看到更广阔的天地。我知道，只有通过学习和奋斗，才能改变命运。我没有向困境低头，而是更加努力地学习。最终，我凭借优异的成绩考上了初中，走出了山村，踏上了追逐梦想的旅途，离梦想越来越近。

　　上大学时，我感受到了前所未有的自由和新鲜感，也背负着沉重的经济压力。尽管父母支持我上学，但我还是需要勤工俭学。我做过很多兼职，从卖电话卡到做家教，从推销手机到夜晚在小餐馆打工。那些日子虽然辛苦，却也让我学会了独立，学会了如何在困境中找到希望和机会。

　　记得第一次在校园里卖电话卡时，我站在一个角落里，手里拿着一叠卡片，心里充满了不安，同学们对我的推销嗤之以鼻，但我并没有因此放弃。我鼓起勇气，走向一个路过的同学，向他推销电话卡。出乎意料的是，他竟然笑着接过卡片，并告诉我："你很有胆量，能做到的。"那一刻，我感到一种从未有过的温暖。虽然只是一个浅浅的微笑，却让我充满了信心。那段艰辛的日子，最终让我明白了一个道理：只有坚持和努力，才能换来属于自己的机会。

　　大学期间，一件事情彻底改变了我的人生轨迹。一次偶然的机会，我品尝了普洱茶，那股独特的香气和醇厚的味道，瞬间让我陶醉。更深入地了解了普洱茶后，我意识到，这不仅仅是一杯茶，更是一种文化，一种深厚的情感联结。我想，这应该就是我未来的方向。于是，我决定留在普洱，投身于这片茶香四溢的土地，结下了与茶的缘分。

02 普洱的茶山，我的梦想起航

刚到普洱，我被这里的茶山深深吸引。清晨，茶农们背着竹篓，穿梭在翠绿的茶园中，手指轻轻掐下嫩绿的茶芽。那种娴熟、优雅的动作，仿佛每一片茶叶都蕴藏着无尽的故事。闻着空气中弥漫着的淡淡茶香，我仿佛进入了一个梦境般的世界。每一片茶叶的背后，都藏着茶农们的辛勤劳动与付出。那一刻，我便决定将自己的一生与这片茶山紧密相连。

刚开始创业，我并没有什么资源，手里仅有三千元现金。我看到有些人从茶山上拉茶卖，就开始了茶贩生涯。那时的场景，到现在还历历在目，一辆破旧的面包车，通往茶园的坑坑洼洼的路，熙熙攘攘的茶叶市场，声嘶力竭叫喊的茶贩们，披头散发的我……这份回忆弥足珍贵，让我走进了普洱，也让我更加贴近茶叶。日复一日，我往返于五十多公里的山路上，不论风雨，始终坚持着。记得有一次，我在一个风雨交加的夜晚迷了路，四周一片漆黑，又冷又害怕。我一边找路一边安慰自己，告诉自己，只要坚持，总会迎来曙光。这次经历也让我下定决心：不再做倒卖茶叶的小生意，我要开一家自己的茶叶店，把普洱的茶文化带给更多的人。

我开了一间不起眼的小店。没有人知道我每天有多辛苦。茶叶的品质、制作工艺，甚至包装设计，我都严格把关。每一片茶叶，我都确保它是最优质的。我相信，只有真正用心去做，才能获得顾客的信任和支持。随着时间的推移，越来越多的顾客慕名来我的店里买茶叶，茶叶的销量逐渐增长。看着一张张熟悉的面孔，听着顾客们的赞美，我深知，这一路的坚持终于得到了回报。

03 坚持品质，做自己喜欢的事

随着茶叶生意逐渐发展，我遇到了一些竞争，压力也越来越大。许多人嫉妒我的茶叶店的生意好，有些人试图排挤我，但我并未动摇。反而，竞争和压力让我更加坚定了自己的信念：做茶叶，就要做最好的。我进一步提升自己，从教练技术到心理学，从阳明心学到《道德经》，五年的学习让我彻底改变了自己。我不仅提升了自己的内在修养，还找到了自己的终身使命：用世界的水泡普洱的茶！

这个信念成了我不断前行的动力。我在普洱茶行业深耕，扩大了店铺数量，从一家小店扩大到了拥有三十家连锁店，在全国乃至海外推广普洱茶。在营销过程中，我始终坚持品质至上、客户至上的原则。我销售的每一款茶叶都必须经过严格挑选，以确保客户品尝到最正宗的普洱茶。

无论在东京、巴黎、纽约，还是迪拜，总有一杯普洱茶静静地等待着热水的注入。在茶与水的融合间，文化被品味，被发现！

04 回馈社会，助力乡村振兴

在事业取得一定成就的同时，我从未忘记自己的初心，也始终铭记着茶农的辛勤劳作。在普洱，我见证了无数茶农的艰辛与不易。为了回馈家乡，我决定投身乡村振兴事业，帮助更多的茶农提升技能，增加收入。我的计划是，在家乡建立一座茶文化博物馆，展示普洱茶的历史与制作工艺，让更多人了解它。

我还打算开设茶叶培训班，帮助更多的茶农学会现代化的茶叶生产和经营技术，增加他们的收入。在这个过程中，我不仅是一个茶商，更是一个乡村振兴发展的推动者。我相信，普洱茶能改变我的人生，也能改变更多人的命运。

05 未来的梦想

如今，我的茶叶事业已经取得了显著成就，品牌影响力逐渐扩大，但我依然没有停下前进的脚步；未来，我希望能够继续推动普洱茶的全球化进程，将茶香带到世界的每一个角落。同时，我还会继续坚持我的信念——用世界的水泡普洱的茶，不断创新，寻找茶叶产业新的发展机会。

我的故事，不仅仅是一个茶叶从业者的奋斗史，它更是一段从困境中走出来的成长历程。我希望通过我的努力，让更多人了解普洱茶，了解茶农的辛劳，也让更多像我一样的年轻人知道，梦想并非遥不可及，凭借付出与坚持，你也能在自己的道路上创造出属于自己的辉煌。

一杯茶，一辈子！我从这杯茶中找到了自由与希望！

茶有三道，人生亦然。

第一道，青涩初见，苦中带甜，如同少年时的懵懂与拼搏。

第二道，香浓醇厚，回甘悠长，正如中年时的沉淀与绽放。

第三道，淡雅留香，韵味悠久，宛若老年的从容与释然。

普洱茶如人生，每一泡都是成长的印记。

我热爱普洱，它让我感受到人生的美。我热爱普洱，它让我感受到茶叶的魂。因为有我，有你，有他，有大家，普洱茶才更加丰富多彩。

这就是我和普洱的不解之缘，我爱这一片叶，恋这一座城！我深深地热爱这片多情的土地，我愿终生和普洱茶做朋友，为普洱茶走向世界做出贡献！

历史的车轮滚滚向前，我终将会活成我想要的模样！

祝福你我，祝福普洱。

我的故事，不仅仅是一个茶叶从业者的奋斗史，它更是一段从困境中走出来的成长历程。

玩出正念，
边玩边赚

葛 瑶

超级斜杠青年
畅销书出品人
正念生活艺术家

"玩"这个字，常常被认为不务正业、浪费时间。然而，在我的世界里，"玩"是一种态度，一种生活方式，更是一种修行。身为一名正念教育的培训师和正念生活理念的推广者，我始终坚信"玩中学正念，玩出正念力"的理念。通过玩，我们可以唤醒内心的觉知，找到生活的平衡。**正念的学习与实践可以是充满乐趣和创意的过程，而不仅仅是严肃和单一的冥想形式。**我不仅帮助许多人找到了内心的宁静，还成功地将正念教育与创意活动结合，实现了边玩边赚。

01 玩正念：从自我成长到教育实践

2020 年，我遇到了前所未有的养育挑战，面对两个孩子的教育问题，我开始手足无措。我不知道我的时间该如何分配；我不知道兄弟俩吵架，我该怎么做；我不知道怎么做才能保证绝对公平，手心手背都是肉啊！

那时，我的内心焦虑不安、迷茫无助、恐惧担忧……仅凭之前所学的育儿知识和心理学知识，我已经无法得心应手地处理育儿问题，保持内心的平静。我意识到——我需要更多的成长。

就在我情绪非常低落的时候，正念像一束光照进了我的生活。正念养育召唤我们怀着新的觉知和意图面对养育中的可能性、收获与挑战。我仿佛抓住了一根救命稻草，看到了希望。

正念（mindfulness）强调以一种非评判性的方式，将注意力集中在当下的体验上，其核心在于"觉察"，即对身体、情感和思维的觉察。我在育儿中遇到挑战时，通过自我意识和自我控制，能够在内心深处进行反思和选择，从而更好地应对外界的刺激。我开始合理安排陪伴时间：单独陪伴时，兄弟俩互不干扰；一起陪伴时，我们三人一起玩耍。我发现,在兄弟俩争吵,我不把自己的情绪卷入其中时,风波很快就平息了……

正念的力量让我意识到,它可以让更多的人受益,尤其是我们祖国的花朵——儿童和青少年。

在推广正念教育的过程中,我发现儿童是最容易接受正念理念的群体。他们天生好奇,对新鲜事物充满探索欲,他们是最能活在当下的。我研发的 K12 正念教育体系就是从一个个好玩、简单的呼吸法开始,帮助孩子们在玩耍中学习正念。

其中,最受欢迎的呼吸法是"热巧克力呼吸法"。双手上下交叠放在胸前,想象正捧着一个杯子,杯子里是热气腾腾的巧克力饮品,一阵阵浓郁的巧克力香扑鼻而来。忍不住想要喝上一口,可惜太烫了……先用嘴巴轻轻地吹一吹。就这样,闻一闻,吹一吹……通过这种逼真的想象和模拟,孩子们很容易就能理解呼吸的节奏和深度。同时,我还会引导他们观察自己的身体感受,比如在吸气时,空气进入鼻腔的感觉,呼气时,身体放松的感受。这种简单的练习不仅帮助孩子们学会了如何控制呼吸,还在不知不觉中培养了他们的专注力。

02 玩正念:从兴趣爱好到轻松变现

现代社会,人们常常被无尽的压力所困扰。水彩,走进了我的生活,成为我的一种减压方式和修心之道。

在绘画过程中,我带着一颗好奇的、开放的心去创作,专注于当下的绘画体验,而不纠结于结果是否完美,用"Yes, And"原则,在肯定当下的同时,又探索更多的可能性。我接受自己在绘画过程中的情绪波动和创作状态,无论是满意的还是不满意的部分,都能以平和的心态去面对；耐心观察颜料的流动和变化，关注当下，而不是急于完成作品；信任自己的直觉和创造力，以感恩之心感受水彩创作的乐趣和满足感，更自由地表达自己；放下对完美作品的执着，减少了焦虑和压力，让绘画成为一种自然的情感流淌。最后，我将自己的作品送给他人，这不仅是对自己的肯定，还能增进与他人的关系。

细细品来，每一次水彩创作的过程就是正念的九个态度（初心、不评判、接纳、耐心、放下、不挣扎、信任、感恩、慷慨）的体现，正念帮助我更好地觉察当下，减少内心的评判和挣扎，从而达到放松身心、调节情绪和促进自我疗愈的效果。

慢慢地，在与水彩的亲密接触中，我的灵感如泉涌。我的水彩文创相继问世，如你我相爱杯垫、金刚鹦鹉富贵胖胖杯、繁花似锦托特帆布包、525 我爱我珍爱丝巾等，都受到了伙伴们的喜爱和追捧。

当自己的兴趣爱好开始变现，边玩边赚就不再只是一个口号。带着正念去"玩"生活，就能在日常的点滴中发现更多生活中的美好，绽放属于自己的光彩。

03 玩正念：从个人专业到终身事业

一个人的力量是有限的，我需要更多的伙伴和我一起努力推广正念教育。因此，我邀请了 28 位同行一起创作了一本书——《醒来》。这本书从正念教育、正念养育和正念生活三个方面展示了我们共同探索和实践正念的过程。我们的目标是：利用正念，让教育回归初心，让养育轻松，让生活简单通透。

在创作《醒来》的过程中，我们带着"玩出正念"的心态，将写作本身视为一种正念练习。写作不仅是表达思想和分享经验的方式，更是一种进入心流状态(完全沉浸于当前活动中的心理状态)的过程。通过写作,我们不仅能够深入探索自己的内心世界,还能在这个过程中实现自我觉察和自我疗愈。

2024年,我创办了"瑶幸福正念创副"平台,致力于帮助更多人用好正念教育,整合自己的兴趣和特长,开发出自己的特色课程,将其转化为可持续发展的副业项目。我先后培养了22位正念教育师,与他们共同创办了"大脑小休"真人直播带练平台。每月有正念教育师轮流带领孩子们做正念练习,帮助他们放松身体、远离焦虑、提升学习效果。我们相互学习、共享资源,希望让更多的孩子利用正念收获喜悦与智慧。

随着家长对孩子心理健康和创意学习的关注度不断提高,正念教育的意义也在逐渐突显。

家长都关心孩子的学习成绩。除了补课、大量做题,还有其他方法能提升孩子的学习成绩吗? 答案是有的。经过调查研究,我和刘栩旗、陈楠、杜秀梅、程喜悦这四位老师发现,培养孩子的内驱力是提升学习成绩的核心动力,而正念是培养内驱力的有效途径。孩子通过正念可提升专注力、情绪调节能力和自我觉察能力,从而更好地投入学习,提高学习成绩。学习成绩的提升又会反过来增强孩子的自信心和内驱力,形成良性循环。于是,我们发起了"儿童内驱力思维训练营",旨在帮助小学生提高学习效率。

语文学科的写作往往让学生头痛。不是孩子们不想写好,而是他们缺乏有效的写作方法以及对写作的热情,所以总觉得写作很难。为了打破孩子们对写作的"刻板印象",我和吴珍老师从脑科学和积极心理学出发,开发了"正念五感写作"课程。大量的正念练习,帮助孩子们充分打开五感,用心去体验生活,积累丰富多样的写作素材。当他们建立了五感写作思维，写作就变得像搭积木一样轻松有趣。当孩子们拥有成功、快乐的写作体验后，他们对写作就不再畏惧了。

愿每个翻开此书的人，都能以赤子之心"玩"出属于自己的精彩人生。

通过写作，我们不仅能够深入探索自己的内心世界，还能在这个过程中实现自我觉察和自我疗愈。

边玩边赚，
行路无疆

无 为

伦敦AWA骨盆矫正器联合发明人
自然医学践行者
身心成长探索者

我认为能够掌控自己的时间、财富和生活方式，这就是边玩边赚的核心。

无为而无不为，大道至简，行路无疆，不仅是我前半生的写照，更是我对未来人生的深情期许。自幼时起，我便在探索那条专属于自己的道路，在人生的每个驿站寻觅着存在的价值与真谛。正如风雨后的彩虹，历经沉浮后，我终将迸发出最绚烂的光彩。

01 探索：努力在迷茫中寻找自我

孩提时代的我，既天真又心怀好奇，对未来充满期待。我梦想成为一名探险家，穿越未知的丛林。小学时，我相信人要突破规训，坚持独立思考。对自由的追寻，引领我探寻世间万象。每一次对生活本质的追问，都是我心灵深处的呐喊。

步入青春期，内心那片波澜起伏的湖面变得愈加澄明。我认真思考什么才是人生真正值得追求的。那时的我，既渴望自由，又渴望拥有一双慧眼看透浮华世界。我不甘随波逐流，更不愿被既定模式禁锢，而是努力在迷茫中寻找自我。

20世纪90年代初，我大学毕业之后在北京一家国际旅行社担任翻译兼导游。我的这段工作经历让我意识到，旅行和赚钱并不矛盾。这段经历犹如一扇窗，让我窥见世界的多样风情与文化，更重要的是，它让我邂逅了一对来自以色列的夫妇——Aloni与Ofra。

与他们的相遇，似冬日里一缕温暖的阳光。Aloni戴着棕色西部牛仔帽，健壮的身躯和那台常挂在脖颈的相机，昭示着他对生活的热爱。Ofra娇小玲珑，卷发轻扬，大眼中闪烁着智慧与温柔。他们正如各自名字的含义，Aloni（橡树）稳重而从容，Ofra（小鹿）灵动而温婉。

他们彼此依偎，展现出截然不同的人格魅力。

那一年秋天，他们向我敞开了通往异国情调的大门。记得那日，我们在古都北京的巷陌中漫步，他们好奇地询问我未来的规划。我半开玩笑地说："我想到世界各地去转转。"他们会心一笑，Ofra 轻声道："那就从耶路撒冷开始，来我们家做客吧。"

这句简单而真挚的话语犹如一把钥匙，开启了我通向异国的大门。那时，我对以色列的印象很模糊。父亲的一番话却让我豁然开朗。他告诉我，以色列是经济与科技发达的国度。耶路撒冷是历史、文化名城。父亲的介绍让我下定决心。一年后，我飞往耶路撒冷，开始了全新的人生旅程。

02 命运的洗礼：失落、痛苦与沉思

在那片充满异域风情的土地上，我获得了很多温暖与关怀。Aloni 与 Ofra 待我如亲生女儿，带我走遍耶路撒冷的每一处历史遗迹。他们的故事和对生活的热情时刻感染着我。Aloni 曾送我一本希伯来语的《孙子兵法》。那一刻，我惊讶于古老的东方智慧的影响力如此深远。

命运的齿轮总在不经意间转动，正当我在以色列的生活步入正轨时，命运却接连给我以重击。不到六十岁的父亲在午睡中猝然离世，母亲的哀号撕裂了我的整个世界。悲痛如洪水般淹没了我的心灵，我的每一句话语都浸透着伤痛。失去至亲的痛楚让我对生命充满了疑问。为什么要无情地将我最亲爱的爸爸夺走？

父亲的离去，令我彻底陷入了迷茫。我曾发誓，要找到生死背后的真相。给自己，也给父亲一个交代。在日复一日的痛苦煎熬

中，我艰难地试图重新站起，然而命运再次毫不留情地将我击倒。就在我为重拾生活的勇气而努力拼搏时，Ofra 在我们一次聚会前夜撒手人寰。她那温婉的笑容与无微不至的关怀，永远定格在我的记忆中。Aloni 在她墓碑旁许下"你先走，我就来"的誓言。七年后，他亦因病痛与绝望选择了与世界告别。

我站在那两块沉默的墓碑前，内心满是无尽的惆怅与惋惜，那沉重的石碑不仅意味着友人的离去，更见证了梦想的破裂。与此同时，我的母亲被确诊为肾衰竭，需要长期做透析。我自己也饱受腰椎间盘突出之苦，疼痛令我夜夜难眠。多少个梦境中，我仿佛看见父亲的身影徘徊在床边，冷汗与泪水湿透了枕巾。

03 重生之路：自我救赎与对健康的全新认识

在人生的至暗时刻，我意识到：唯有勇敢面对命运的挑战，才能为自己开辟一条全新的出路。痛苦的磨砺使我明白，人不能一味依赖他人给予的帮助，而应学会自我救赎，主动守护自己的健康。

正是在无数次对生命的考问与反思中，我发现日式指压疗法与骨盆矫正的独特疗效，我长期的腰痛得以缓解。四十岁那年，我毅然选择重返校园，接受正规的日式指压培训，并决心继承父亲未竟的事业，走上学医之路。

在伦敦，我创办了诊所，专注于帮助那些长期受疼痛折磨的人们。我与伙伴共同研发出 AWA 骨盆矫正器，让患者能够在短时间内自行调节骨盆平衡，缓解疼痛。与此同时，我希望通过传授自我健康管理方法，让更多人减少对医生的依赖。每一次患者因我的努力而重获新生，都让我体会到学医的真正意义：不仅仅是消除病痛，更是赋予每个人自主选择健康生活的力量。

如今，我已帮助数千位患者从病痛中挣脱，重新找回对生活的热情与希望。他们的笑容，都化作了点点星光，照亮了我前行的路程。

04 传递爱与善：跨越国界的情感力量

我始终无法忘怀那些给予我无私关怀与温暖的人。Aloni 与 Ofra用他们真挚的情感和慷慨之心，改变了我的人生轨迹。父母的无私付出则为我提供了追寻梦想的坚实基础。我所经历的那一连串的离别与痛苦，以及那些刻骨铭心的记忆，亦成为我不断前行的精神支柱。

我渐渐明白，爱与善意是超越国界的力量。无论身处何地，无论经历怎样的风雨，只要心中常存温柔与感恩，我们就能在每一个平凡的日子里，点燃希望的火花。我更深刻地体会到，唯有将爱与善意传递给他人，才能让生命充满无限可能。

我努力传播健康与幸福的生活理念。用我的智慧和双手为他人减轻病痛，用我的心灵传递那份亘古不变的温暖。每当患者露出欣慰的笑容，每当学生眼中闪烁着对未来的希冀，我都感受到一种无以言表的满足和自豪。这不仅是一份职业，更是一种对生命无尽的热爱与尊重。

05 在痛苦中发现希望，于黑暗中寻找光明

命运的跌宕起伏一度让我迷失，但也正是那些刻骨铭心的伤痛铸就了我对生命的理解。我明白，人生不会一帆风顺，正如大海的波涛起伏，天空的云卷云舒。只有经历风雨，才能见彩虹。正是那些痛楚与挫折造就了今日的我。曾经的无奈、悲伤与迷茫，最终凝聚成了一股无坚不摧的力量，让我得以在世界的每一个角落，传递爱与善意的光芒。

只要怀着一颗开放与包容的心，我们便能走得更远，更有力量。

在这条充满坎坷却又闪烁着希望光辉的路上，我始终相信：唯有以坚定的信念与无限的爱，才能在风雨中不断前行。愿每一个在黑暗中徘徊的灵魂，都能找到归宿。

只要怀着一颗开放与包容的心，我们便能走得更远，更有力量。

AI变现——

轻松掘金新时代

第六章

梦想的轨迹：
从篮球少年到
AI工程师

张立夫

对一切充满好奇的工程师
热爱生活的普通人
业余萨克斯演奏者

史蒂夫·乔布斯曾说:"你只能在回顾人生时,才能连接起那些看似随机的点。"这句话深深触动了我。回顾我的人生,从一个对NBA(National Basketball Association,美国职业篮球联赛)充满憧憬的篮球少年,到踏上海外求学之路,再到进入英伟达从事 AI 研究,我一步步走向曾经看似遥不可及的梦想。我的旅程,不只是奋斗,更是一场边玩边赚的人生冒险。

01 从昆明到多伦多:梦开始的地方

我的故事始于中国昆明,一个相对安逸的城市。12 岁时,我第一次观看 NBA 比赛,球员们的激烈对抗深深吸引了我。从那时起,篮球成了我生活的一部分,我幻想着有一天能亲临赛场领略顶级球员的风采。

16 岁那年,我随着家人移居加拿大,我终于踏入猛龙队的主场。站在场馆内,我一度不敢相信这是真的——曾经遥不可及的 NBA赛场,如今就在眼前。比赛的最后一秒,波什投出绝杀球,全场沸腾。那一刻,我明白:梦想并非遥不可及,它可以成为现实。

02 工程科学专业的磨砺:在挑战中坚持,在坚持中成长

进入大学后,我选择了工程科学专业,这是一门涵盖数学、物

理、计算机等多个学科的专业。编程课尤其难，我从未接触过代码，面对复杂的算法和反复调试，常感到力不从心。其他专业的同学能轻松享受大学生活，我却深陷于无尽的课业和实验中，我一度怀疑自己的选择。

最迷茫时，一位学长的经历给了我动力。他毕业后，进入谷歌工作。他告诉我，即使挑战重重，只要坚持并找到适合自己的学习方法，每个人都能走出自己的路。他耐心地分享经验，教我如何调整策略、在压力下前进，让我意识到前路虽然艰难，但并非没有希望。

带着这份信念，我决定继续迎接挑战，并在大三时选择实习一年，希望通过实践检验自己的选择，探索工程科学在职场中的应用。

03 偶然的机遇：敲开硅谷之门

找实习工作时，我得知有硅谷的公司来招聘，第一次觉得自己或许有机会去硅谷。虽然这曾是遥不可及的梦想，但机会摆在面前，为什么不试试？于是，我下定决心，专门找硅谷的公司投简历。

然而，投出许多简历后，却迟迟没有收到回音。眼看招聘季接近尾声，在我几乎要放弃时，朋友将我推荐给一位硅谷的招聘经理，并递交了我的简历。几天后，我收到了面试邀请。

虽然我对编程一直心存畏惧，但当面试官问我能否做编程时，我毫不犹豫地回答："能做！"我暗下决心："不管做什么，只要能去硅谷，哪怕是让我扫地，我也愿意！"

经历两轮远程面试后，面试官恰好来多伦多出差，我们在一家意大利餐厅进行了非正式面试。两天后，我收到了正式录用通知，终于迈出了进入硅谷的第一步。

04 硅谷的启发:读研的决定

在硅谷实习让我意识到,技术创新需要深厚的技术积累,而 AI 的崛起让我找到了最想探索的方向,坚定了读研深造的决心。

实习经历对我影响深远。我见识了顶尖工程师的工作方式,感受到他们对技术的深刻理解和严谨的思维。

同事们几乎都有硕士、博士学历,能从底层原理出发,提出创造性解决方案,而我的视角仍局限于应用层面。这让我认识到,我需要突破认知局限。回到学校后,我决定攻读研究生,以提升竞争力。

当时,AI 迅速崛起,计算机视觉、深度学习成为热门方向,各大企业纷纷在这些方向投入资源。我敏锐地意识到,AI 不仅是技术发展趋势,甚至可能重塑各行各业。于是,我调整课程规划,选择机器学习、模式识别等课程,并参与研究项目,夯实基础。

05 偶然的契机:从学术研究到入职英伟达公司

在硕士研究生阶段,我选择 AI 加速计算作为研究方向,这既结合了我的学科背景,又符合我的兴趣。随着 AI 的飞速发展,我愈发体会到硬件的关键作用,这也成为我探索的动力。

起初,我的目标是进入谷歌,参与前沿技术研发。我在研究中使用了 TensorFlow,觉得自己正逐步靠近谷歌的生态系统。然而,尽管多次尝试申请,我始终未能如愿。就在我调整心态时,我偶然结识了英伟达公司的招聘人员。

在神经信息处理系统大会(NeurIPS)上,我与英伟达公司的招聘人员交流，表达了对 AI 硬件和高性能计算的兴趣。英伟达公司对我的学术背景表现出浓厚兴趣。

在硕士毕业后，我顺利进入英伟达公司工作。这段旅程，让我更加坚定地投身 AI 计算。

机会总是留给那些时刻准备好的人，哪怕等待的时间比预期更长。

06 不止于硅谷：探索世界的旅程

我在英伟达公司工作的起点正值新冠肺炎疫情期间，由于旅行限制，我在多伦多远程工作了一年半。这段时间，我适应了新工作，也结识了我的妻子。我们一起搬到了硅谷。这不仅是地理上的迁移，更是生活方式的转变。硅谷的科技氛围让我兴奋，同时也促使我思考如何在工作之余丰富生活体验。

远程工作的灵活性让我们得以频繁旅行，探索北美的国家公园。从黄石到优胜美地，每次徒步、露营，都让我感受到不同于代码世界的纯粹与宁静。而在夏威夷度蜜月，更是我第一次真正放下工作，沉浸于碧海蓝天之间，享受美好的生活。

旅行不仅让我欣赏了壮丽的自然景观，也让我以更开放的心态接触多元的文化。从洛杉矶的繁华都市到神秘的玛雅遗址，我尝试美食，学习历史，甚至用蹩脚的西班牙语与当地人交流。这些经历让我意识到，人要追求事业的成功，也要探索世界、体验生活，并在事业与生活之间找到真正的平衡。

真正的成长不仅仅来自于技术的积累，更来自于对世界的探索和对人生的思考。

07 意料之外，情理之中：我的人生旅程

在英伟达公司工作的几年间，我深入 AI 计算领域，也经历了诸多人生变化。从远程工作，到搬回硅谷，再到探索世界，每一步都让我对生活有了新的理解。之后，我和妻子决定搬到西雅图，开启新的生活。

相比硅谷的快节奏，西雅图的宁静和自然风光让我有了更多时间思考未来。我可以在湖边漫步，可以在山间徒步，短暂脱离紧张的工作，重新审视人生。

回顾过去，我发现我人生中的许多转折往往出乎意料，却又显得顺理成章。我曾以为自己会在国内按部就班地完成学业，找一份稳定的工作。然而，我从偶然接触 NBA，到被硅谷科技浪潮吸引，再到投身 AI、加入英伟达公司，最终搬到西雅图，每一步似乎都不在计划之中。

或许，人生的意义不在于精准地执行计划，而在于接受那些偶然的契机，并在每一次转折中，找到属于自己的方向。

世界远比我们想象的更大，机会也远比我们抓住的更多。未来，我希望继续在技术、探索与生活之间找到平衡，并帮助更多的人打破传统职业路径的束缚，找到属于自己的方向。

真正的意义不在于终点，而在于沿途的探索、成长和收获。

真正的成长不仅仅来自于技术的积累，更来自于对世界的探索和对人生的思考。

边玩边赚：

AI时代的环球私域

邹 娜

私域操盘教练
DISC认证讲师及顾问
上千人校友社群创始人

小时候的一个梦想，很有可能塑造你一生的轨迹。

你相信旅行能带来财富吗？我的故事告诉你，边玩边赚从一颗种子开始。

01 转换专业：用芬兰通行证开启环球梦

每周五晚的英语班，是呼伦贝尔为数不多能听见伦敦腔的地方。从英国回来的刘老师把原来的辅导班升级为二层小楼，开创了配备英文图书室和机房的英语学习模式。

我在这里的机房看《走遍美国》，听老师讲她送女儿出国留学的故事。潜移默化中，我在心中种下了一颗留学的种子。

去哪儿留学呢？不知道。自费留学，我有这个实力吗？好像也没有。

老师说："英语不是考题，是撬动世界的杠杆。"

当时，我只能努力学好英语为留学做准备。

大学的一次学生会团建活动中，听到学长们讨论国贸专业能公派芬兰，我心中那根留学的弦动了。在转专业报名开启的第一刻，我毫不犹豫地递上了报名表。

转专业像闯关：绩点排名、面试、补修课程。闯关不易，但我还是获得了转专业的名额。

大一下学期，我虽顺利转入国贸专业，但过得不轻松。当别人在宿舍看剧时，我在图书馆补习高数；周末同学们唱 KTV，我在麦当劳背英语。

为了能公派芬兰，我只能牺牲娱乐时间，全力以赴为自己争取机会。

大二公派选拔时，我的总绩点并不占优。父亲也不支持我去芬兰。

面试当天，我望着镜子里眼眶发红的自己，用英语说："给我四个月，我能证明这条路的价值。"

没想到最终我竟然打动了面试官，靠面试分拿到总分第一。

收到通知书的那一晚，我兴奋又紧张地告诉母亲这个消息，还好母亲愿意出钱支持我去芬兰！

去芬兰，改变了我的命运，也让我的环球旅行梦开始生根发芽。

02 穷游欧洲：玩出来的美好回忆！

飞机在芬兰降落，眼前的美景，让我激动不已："哇，我的出国梦想真的实现了！"

梦想的种子一旦种下，就会在心底生根发芽，最终长成一片森林。

在这个陌生的国度里，我和我的同伴们一边适应课程，一边筹划旅行。

我们把欧洲地图铺在地上,手拿马克笔在地图上虚点。"我们从赫尔辛基坐船去塔林,转夜火车到圣彼得堡,再飞冰岛……""不如干脆绕欧洲画个圈!"笔迹把巴黎埃菲尔铁塔、罗马斗兽场和柏林墙串成歪扭的闭环。

"我们要环欧旅游了? 可能吗?"穷游可以实现这个目标。

定廉价机票,或者坐火车;住宿就住青年旅社,十几个人住男女混住的上下铺;吃饭就去超市买三明治,特色餐厅也只能偶尔尝试。

我们曾因为语言不通坐错车在阿维尼翁火车站门口露宿,靠共享一个暖手宝熬到天亮。

在圣诞老人村里,收费 40 欧元一张的圣诞老人合影并没有吓退我们,我们靠平摊费用留下了宝贵的纪念照。

唯一遗憾的是因为天气没看到极光,我心里想的是总有一天要回来弥补这个缺憾。

03 梦想升级:23 国之旅

当在芬兰做交换生的时间即将结束时,我申请去英国读硕士。母亲把银行卡拍在雅思真题集上:"密码是你生日。"

我知道这一次母亲把所有的积蓄都给了我。

我不能辜负母亲的期望,经过三次雅思考试,我终于拿到 7 分,随后拿到 5 封营销专业的录取通知书。

在英国的一年,时间被我掰成 n 块:泡图书馆写论文,去就业中心打磨简历,做实习项目,参加志愿活动,穷游完成我的环球梦……

圣诞节期间,我睡在学姐家的沙发上,后又独自一人在瑞士旅行 10 天。

毕业旅行，我带母亲环欧旅游，多瑙河的蓝竟让我回忆起收音机里的旋律。

工作以后，我又去了韩国和日本，火山岩烤盘上的五花肉滋滋作响，令我欣喜。

当我真的以为自己可以每年出国一次的时候，新冠肺炎疫情来了。不仅我的环球旅行梦被暂时搁置了，工作也让我焦头烂额：线下培训机构不能正常开展业务，营销获客必须依赖线上。我作为新媒体负责人，和团队一起走上了直播加社群的转型探索之路。

团队日夜测试平台、优化流程，那段时间，我一度感觉自己患上了轻度抑郁。但是我必须扛下这个重担，因为老板说"危机"就是"危"和"机"并存。

我们在黑暗中摸索，寻找点亮私域的火种。终于，我们的业务迎来了转机。团队冲破了重重阻力成功转型，实现成交获客线上化，我们和客户的距离更近了。

好景不长，一年多以后，黑天鹅事件发生了，受"双减政策"影响，我和同事们先后被裁员。

收到裁员邮件时，我心想，还好之前掌握了私域变现技能。我拿着赔偿金，和丈夫商量："如果我花一年的时间，去做一些创业探索，收入可能会不稳定，你能接受吗？""去试试吧！"

04 三年实战解锁私域变现

我很感谢我丈夫对我创业的支持。这一次探索，足足持续了三年的时间，我的技能也从原来的做引流、做运营，提升到做成交、做交付。

跟随毛毛姐的私域销售团队，我不仅通过实践获得了私域变现的能力，还成为团队的私域操盘教练，陪 100 多家企业的创始人及其团队一起强化私域盈利能力。

我把高品质的生活也变成私域展示的一部分，向我咨询业务的人立刻变多了！比如，我参加了泰国同学的豪华婚礼后，我就精心编排内容，然后发朋友圈，带我的私域好友直观了解泰国的婚礼究竟是什么样的；当我旅游的国家数达到 23 个之后，我又做了一个私域分享，展示我的价值观，吸引与我同频的人，有很多人借鉴我的国际旅行经验！

我惊喜地发现，我的"玩的过程"产生了成倍的收益。

旅行前的精心准备事项、行程规划、突发事件的处理方法、发现的宝藏店铺和美食、独特的景点、看到的稀罕事物等，都是我可以用来变现的内容。

我甚至可以把我觉得特别好的产品巧妙地融入旅行分享文章中，通过图片和视频展示出来。

旅行是自带流量的话题，也是我立志要一直去做的事情，现在我在旅行开始前就可以利用 AI 列出"内容生产清单"，再进行分享，最后实现变现。

AI 时代，我要边玩边赚，继续我的环球旅行，勇敢追梦！

AI 时代，我要边玩边赚，继续我的环球旅行，勇敢追梦！

从困境到自由：

如何突破人生天花板

陈志芹

职业经理人

佛学爱好者

长期主义者

01 困境中的觉醒：命运由我掌控

我的故乡赤壁，以前称作蒲圻，这片土地承载着三国历史的烽火，也镌刻着岁月沉淀的痕迹。这里没有大城市的喧嚣，只有四季交替的恬淡日常。

我出生在赤壁一隅的一个宁静的村庄。我的曾祖父是蒲圻最早的四所学堂之一——柏路学堂的创建人，外曾祖父则是武汉大学第一届毕业生。家族的荣耀在时代变迁中逐渐模糊，像远方的山影，虽隐约可见，却无法触及。成长于这样的家庭，我对知识与自由有着天然的向往，但现实却一次次试图将我拉回那个狭小的天地。

"出生的地方可以决定起点，但绝不能定义终点。"

那时村子里重男轻女的观念根深蒂固。父母生养了五个孩子，我作为长女，照顾弟弟妹妹成了我生活的一部分。早慧的我见过太多女孩在命运面前低头，被生活压得喘不过气，她们的人生仿佛从未真正属于自己。

有一件事深深刻进了我的记忆。小学毕业那年，我被要求去送亲，远房小姨春秀年仅十六七岁，却要嫁给一个大她十多岁、耳朵有残疾的男人。他家是镇上的，听说给了三千元彩礼。春秀的哥哥有了这三千元才能娶妻。春秀的婚姻似乎与爱情无关。我穿着从堂姑那里借来的白色亚麻西服和黑色阔脚裤，搭配一双白色球鞋，站在人群中，等待接亲的队伍到来。那是我第一次参加这样的仪式，心里竟有些兴奋，因为送亲的女孩可以分到袜子和手帕。

春秀被敲锣打鼓的汉子们迎着，脸上的笑容里夹杂着不安和茫然，她的眼神在姨婆的身上停留了许久，最终还是低头上了迎亲的车子。那一刻，我的心忽然被刺痛了。春秀没有选择，她的人生被三千元彩礼决定了。而这样的故事，在农闲的冬腊月经常上演。

站在人群中，攥着的手帕突然变得沉重，我仿佛看到，未来某一天，我也像她一样，在亲戚们的张罗下，穿着大红的衣服，被送到一个陌生的家庭，扮演一个被安排好的人生角色。如果你不掌控人生，人生就会替你做决定。

我不想走春秀的路！

我不要在命运的洪流中随波逐流，我要出人头地，我要走出去，我要掌控自己的人生！我不知道外面的世界究竟是什么样的，但我知道，我不能留在这里！

从那天起，我在心里种下了一颗名为"改变"的种子。

02 打破命运束缚，走向更大的世界

初中阶段，我的成绩一直不错。家族里，堂叔一家四姐弟都考上了大学，他们成为我成长路上的榜样。每个寒暑假，我都会跟着堂叔和堂姑，放牛、玩耍，听他们讲大学的故事，讲大城市的繁华。我像一个贪婪的听众，吸收着一切关于外界的讯息，对未来满怀憧憬。

一个偶然的机会，我在堂姐家看到两本书——《曼哈顿的中国女人》和《飘》。正值暑假，白天在田野间奔跑，晚上便沉浸在书页间，向往自己能成为书中那样独立自主的敢爱敢恨的女性。

十五岁时，我已出落得眉眼清秀，渐渐地有人开始上门为我说媒。每当家里人把这些话半开玩笑地抛给我时，我都会笑着岔开话题，内心无比清楚——如果我不能掌控自己的人生，别人就会替我

做决定，就像春秀一样！我要读书，我要走出农村，我要靠自己改变命运。

然而，我们五姐弟都要上学，生活捉襟见肘。爸爸希望我考师范学校，早点在村小当个老师挣工资补贴家里。而我想上高中，想上大学，想去看看更广阔的世界！学费就像一道高墙，横在梦想和现实之间。但如果连第一步都迈不出去，又谈何改变？没有人帮扶我，我只能靠自己。

因为过往参加过多次奥赛三科联赛，作文也被刊载，15 岁的我开始想办法赚钱。我帮休产假的老师批改作业、誊抄教案，带着学前班的孩子学拼音，挣到的第一笔收入给两个弟弟交了学费。只有三百多元，却是我人生中最重要的一笔财富。这不仅是钱，更是我可以掌控自己的命运的证明。

我知道，真正的贫穷，不是囊中羞涩，而是眼中没有未来。我知道，我选择的道路很难，但我如果留在原地，我就没有办法掌控自己的命运。

我四处寻找机会。十六岁那年暑假，拿着叔叔借给我的两百元零钱和妈妈准备的一网兜煮鸡蛋，我从车窗翻进火车，一路站到深圳，经同乡介绍进玩具厂做流水线工人。寒来暑往，我在三年里断断续续挣来的钱，加上找亲戚朋友借的钱，终于足够支付大学第一年的学费和住宿费。十八岁时，我独自坐在前往大连的绿皮火车上，在四十个小时的旅途中，望着窗外疾驰而过的沿途景物，望着那自由的蓝天白云，我在日记本上写下了这么一句话："如果世界已经给你写好了剧本，如若你不想屈服，那就用自己的方式去改写它。"

北方的冬天格外寒冷，每天清晨五点，我就准时起床，在操场上大声朗读日语，冻得受不了就跑上几圈，然后继续读。别人还在沉睡,我已经行走在通往未来的路上。那些艰苦的日子让我明白:只有行动起来才能改变命运。

我要为自己做选择,我要让未来属于我自己。

03 崭露头角:深圳职场的沉浮

2002 年 7 月,大学毕业后的我怀揣着梦想来到深圳。这座城市被誉为"梦想家的天堂",但实现梦想必须付出代价。

我的第一份工作是做日语翻译,每天需要穿梭于车间和会议室之间。虽然只是担任基础职能岗位,但我始终告诉自己:"既然要做,就做到最好。"我不仅把翻译做好,还主动学习产品知识,了解业务流程,观察公司的运作模式,努力成为团队中不可替代的一员。

几年间,我从翻译转而从事品质管理、人力资源、财务等工作,不断接受挑战。不知不觉中,我已经从职场新人,成长为能够独当一面的管理者。

然而,我意识到一个问题——职位上升并没有让我获得自由。

每天早晨通勤，白天开会，晚上加班，生活仿佛被设定好的程序。收入高了，但我的时间越来越少，生活质量并没有随职位的上升而改善。

我开始思考，难道这就是人生的尽头？

04 AI 时代的跃迁：抓住科技变革的红利

从 2019 年入读大连理工大学 MBA 开始，我大范围接触制造行业以外的人和事。

2024 年，AI 技术迎来爆发，我意识到，**AI 不仅是科技的进步，更是一场认知革命，它让普通人也能站上风口，实现真正的边玩边赚。**

最初，我只是把 AI 当作提升效率的工具，比如用 AI 查询资料、撰写文章、制作 PPT，优化工作流程。然而，我很快发现，AI 的价值远不止于此——它可以成为我们创造价值、建立个人品牌，甚至增加收入的工具。

我开始探索 AI 的更多可能性：用 AI 进行市场分析，优化公司的业务决策，让自己在职场中更有竞争力；用 AI 辅助内容创作，打造企业和个人品牌，借助自媒体平台输出内容，积累粉丝，寻找客户；通过 AI 工具提升生产力，探索副业，扩大收入来源。

2024 年，企业营收增加了，我的收入增长了。

AI 不是一个行业，而是一种能力。未来，懂 AI 的人会更有竞争力。

过去，我们拼尽全力寻找机会，如今，AI 让普通人也能站上风口。你是继续被动适应变化，还是主动拥抱这个时代？

从困境中觉醒，到勇敢打破命运的束缚，再到借助 AI 重塑人生，我的经历证明了一件事——未来属于那些愿意学习、敢于行动的人。**AI 时代，你，准备好了吗？**

AI 不是一个行业，而是一种能力。 未来，懂 AI 的人会更有竞争力。

后　记

写在最后，也写在开始

当你翻阅到这里，意味着你已经走完了这趟边玩边赚的旅程。你见证了 35 位实践者如何从困境中突围，找到自由。

你是否渴望摆脱时间和地点的束缚，掌控自己的人生？

你是否希望在创造价值的同时，也能尽情享受生活？

你是否已被边玩边赚吸引，却不知如何踏出第一步？

这本书，不只是一本书，它还是一扇门。它向你展示了一种新的可能性：财富可以自由流动，工作可以与生活相融，人生可以按照你的方式展开。

特别致谢

你现在看到的本书的封面，并不是由设计公司完成的，而是由书中的作者和一群热爱生活、愿意表达的共创者，共同设计、投票、选出来的。

在 AI 时代，每个人都可以是创作者，于是我们发起了"封面有你"征集活动，邀请大家用一张图，定义属于自己的自由人生。最终，6 位创作者脱颖而出。他们不是专业设计师，却用图像画出了自己对于 AI 时代的理解，也呼应了边玩边赚的主题。

以下六位伙伴所设计的封面，为本书画上了完美的句号。

三等奖:AI 共创之星

邓小雨(PPT 视觉
创作者、生活摄影
爱好者)

梅尹(学习茶疗的
运营人、懂日式整
骨的 PPT 教练)

娜荷雅(追求艺术与技术
平衡的设计师、探索虚拟世界的
AI 爱好者、边玩边赚的体验者)

二等奖：光芒创意奖

星光（教育科技公司创始人、
幸福动力导师、心游引领师、
表达沟通力赋能教练）

木晓（自由摄影师、
室内软装设计师、
生活美学探索者）

一等奖：灵魂封面奖

邵海波（装帧艺术
深耕者、出版行业战略
伙伴、边玩边赚视觉美
学诠释者）

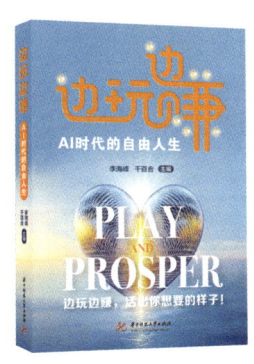

他们的作品，不仅成为本书的一部分，也将被收录于我们的共创纪念册，作为这段共创旅程的珍贵见证，并在未来持续传递灵感与价值。

共创者的相聚时刻

就在本书即将定稿之际，2025 年 5 月 20 日，本书的 10 位作者，从五湖四海来到浙江丽水相聚。我们一同走进课堂，又一起走入大自然，谈书、谈人生、谈共创的下一步。

在根系交错的大地上，我们围坐在树下，畅聊理想与现实，感受松弛与自由。

自由，从来不是一个人的独行，而是一群人彼此点亮的旅程。

续写未完的故事

2025 年 5 月 20 日的热度还没褪去，几位本书的作者又一起轻快地走进了深圳梧桐山。

没有既定议程，我们聊健康、聊音乐、聊生活中的新灵感，也顺势开始共创。就在茶香和笑声中，"传书计划"诞生了。

它源于一个提议："不如，让这本书继续'流动'起来。"

我们决定让这本书从一位位读者手中传下去，这才是我们共创本书的意义所在。

每一次写作，都是一次点燃；每一次传递，都是一次心灵的交流。

下一步,我们邀你同行

边玩边赚不是终点,而是一条持续延伸的路径。

它不仅是一种理念,更是一种可以实现的生活方式。

读完这本书,如果你感到一丝触动,那么,也许你已经站在自己人生的转折点。

我们邀请你,在接下来的旅程中,以你自己的方式做出改变。

自由不是终点,是一生的练习。

这本书,早已不只是一本书,它是一次对时代的深情回应,一个改变人生的契机。

你准备好了吗?

如果你愿意,未来将有无限可能!

如果你行动,一切都将改变!

我们,等你入场。

千百合

2025 年 6 月 8 日

于深圳梧桐山